Le monde *tourne trop vite* pour vous ?

Éditions Eyrolles
61, bd Saint-Germain
75005 Paris
www.editions-eyrolles.com

Relecture/correction : Marie-Gabrielle Houriez et Aline Olinger
Crédits iconographiques : © Shutterstock

Depuis 1925, les Éditions Eyrolles s'engagent en proposant des livres pour comprendre le monde, transmettre les savoirs et cultiver ses passions ! Pour continuer à accompagner toutes les générations à venir, nous travaillons de manière responsable, dans le respect de l'environnement. Nos imprimeurs sont ainsi choisis avec la plus grande attention, afin que nos ouvrages soient imprimés sur du papier issu de forêts gérées durablement. Nous veillons également à limiter le transport en privilégiant des imprimeurs locaux. Ainsi, 89 % de nos impressions se font en Europe, dont plus de la moitié en France.

ISBN : 978-2-416-01618-9

Judith Samama-Patte

Le monde *tourne trop vite* pour vous ?

Petit guide pour reprendre possession de son temps au lieu de toujours lui courir après

Préface du Dr Gérald Kierzek

Éditions EYROLLES

Sommaire

Préface du Dr Gérald Kierzek

« Il y a urgence à prendre son temps ! »

En tant que médecin urgentiste, je suis constamment confronté à l'urgence. Chaque jour, je fais face à des situations critiques qui exigent une action rapide et décisive pour sauver des vies. Cependant, je suis également conscient de l'importance de prendre son temps, de ralentir et de savourer chaque instant.

Ralentir, tel est l'objectif de la *slow life*, une philosophie de vie qui prône le contraire de l'urgence, la pleine conscience et la simplicité. Prendre son temps n'est pas seulement bénéfique pour notre santé physique et mentale, c'est aussi essentiel pour la productivité et pour la planète.

Les bienfaits de la *slow life* pour la santé sont nombreux et significatifs. Des études ont montré que le stress chronique et la précipitation peuvent avoir un impact négatif sur notre bien-être global. En prenant le temps de respirer, de se détendre et de profiter du moment présent, nous pouvons réduire notre niveau de stress, améliorer notre qualité de vie et renforcer notre système immunitaire.

En suivant ce mode de vie, nous pouvons booster notre santé physique et augmenter notre qualité de vie globale. Voici quelques-uns de ses bienfaits physiques :

- *Réduction du risque de maladies cardiovasculaires :* en réduisant le stress et l'anxiété, la *slow life* contribue à abaisser la pression artérielle et à diminuer le risque de maladies cardiovasculaires, telles que les crises cardiaques et les accidents vasculaires cérébraux (AVC).

- *Amélioration de la santé digestive :* prendre le temps de savourer les repas et de manger de manière consciente favorise la digestion et permet une absorption optimale des nutriments.

- *Renforcement du système immunitaire :* le stress chronique peut affaiblir le système immunitaire, rendant les individus plus susceptibles de contracter des infections et des maladies. En diminuant le stress et en privilégiant la relaxation, la *slow life* renforce le système immunitaire et améliore la capacité du corps à se défendre contre les agents pathogènes.

- *Gestion du poids :* la *slow life* encourage une alimentation équilibrée et consciente, ainsi qu'une pratique régulière de l'activité physique, ce qui aide à maintenir un poids santé et à prévenir l'obésité et les problèmes de santé associés.

- *Amélioration de la qualité du sommeil :* le ralentissement du rythme de vie et la pratique de la pleine conscience favorisent un sommeil de meilleure qualité en réduisant les pensées intrusives et les préoccupations, ce qui contribue à une récupération physique et mentale plus efficace.

- *Diminution du risque de maladies chroniques :* en adoptant une approche plus saine et équilibrée de la vie, la *slow life* peut réduire le risque de développer des maladies chroniques, telles que le diabète, les maladies respiratoires et certains types de cancer.

- *Prolongation de l'espérance de vie :* en réduisant le stress et en promouvant un mode de vie sain, la *slow life* favorise une meilleure santé physique et mentale à long terme, et prolonge ainsi l'espérance de vie.

Les bienfaits pour la santé mentale et psychique sont également nombreux :

- *Réduction du stress et de l'anxiété :* la *slow life* encourage la pratique de la pleine conscience et du moment présent, ce qui permet de réduire le stress et l'anxiété en ralentissant le rythme de vie et en se concentrant sur les activités et les expériences présentes.

- *Amélioration de la santé émotionnelle :* la *slow life* permet de prendre le temps de se reposer, de se détendre et de se reconnecter avec soi-même, ce qui favorise une meilleure compréhension de ses émotions et une gestion plus efficace du stress et contribue ainsi à une meilleure santé émotionnelle globale.

- *Renforcement de la résilience* : en encourageant la pratique de la pleine conscience et de l'acceptation, la *slow life* aide à développer la résilience émotionnelle en permettant aux individus de faire face aux défis de la vie avec calme et clarté d'esprit.
- *Augmentation de la satisfaction et du bien-être* : par son approche plus intentionnelle et significative de la vie, la *slow life* permet d'apprécier pleinement les petits plaisirs de la vie et de cultiver un sentiment de gratitude, ce qui augmente la satisfaction et le bien-être.
- *Stimulation de la créativité et de l'inspiration* : la *slow life* stimule la créativité et l'inspiration en permettant aux individus de se concentrer sur leurs passions et leurs intérêts, ce qui favorise l'innovation et le développement personnel.
- *Renforcement des relations interpersonnelles* : la *slow life* permet d'avoir des relations interpersonnelles plus profondes, ce qui contribue à un sentiment de connexion et d'appartenance.

Aussi, je vous prescris la *slow life* sans modération. Mais je voudrais attirer votre attention sur deux points. Primo, en tant que médecin, je suis conscient des signes de fatigue et d'épuisement professionnel. Bien que le ralentissement puisse être bénéfique, il est crucial de reconnaître que la fatigue excessive peut être le signe de problèmes sous-jacents plus graves. Si la fatigue persiste malgré le ralentissement, il est essentiel de consulter un professionnel de santé pour obtenir de l'aide et du soutien.

Secundo, ne confondons pas ralentissement et paresse ! La *slow life* n'est pas synonyme d'inaction ou de procrastination. Au contraire, elle encourage une approche équilibrée et intentionnelle de la vie, où nous prenons le temps de nous concentrer sur ce qui est vraiment important.

Je suis convaincu que la *slow life* est une philosophie de vie précieuse qui mérite d'être explorée et adoptée par chacun d'entre nous. Dans ce livre précieux, Judith Samama-Patte nous explique comment, en prenant le temps de ralentir, nous pouvons non seulement améliorer notre propre bien-être mais aussi contribuer à créer un monde plus calme, plus équilibré et plus durable pour tous.

Prenez soin de vous et prenez votre temps !

Dr Gérald Kierzek, urgentiste, directeur médical
de Doctissimo et chroniqueur médical

Introduction

Depuis de nombreuses années maintenant, je suis une adepte et praticienne d'un mode de vie alternatif que l'on peut appeler la « *slow life* », autrement dit une vie plus lente, adaptée à mes besoins. Si vous me suivez sur les réseaux sociaux, vous le savez déjà, pour les autres, bienvenue, passons aux présentations. Après plusieurs années à travailler en tant que journaliste dans la presse féminine, coincée dans une vie à 200 à l'heure avec une obligation de production permanente, j'en suis partie, sans retour, pour choisir une nouvelle voie : celle de la décélération. Je ne l'ai évidemment pas fait du jour au lendemain. Je m'y suis préparée longuement, intellectuellement, émotionnellement et financièrement.

Je me dois aussi de préciser dans ce préambule que je souffre, depuis mon plus jeune âge, d'un syndrome anxieux, et c'est en adaptant, intuitivement, mon mode de vie que j'ai (enfin) commencé à me comprendre et à m'apaiser. J'ai compris, et surtout accepté, que le monde actuel tourne bien trop vite pour moi. Que mon anxiété sévit devant un emploi du temps trop rempli, devant des attentes que je trouve démesurées. Nous vivons dans un monde qui veut aller toujours plus loin, toujours plus vite, et où la productivité persistante est de rigueur. Les sollicitations sont constantes, et avec elles vient une pression permanente, que, la plupart du temps, nous nous mettons à nous-mêmes. Que cela soit par peur de rater quelque chose, ou par crainte de ne pas en faire assez, nous remplissons nos agendas d'activités diverses, professionnelles ou personnelles, dont la plupart finissent finalement par être vécues comme une contrainte tant elles ne nous laissent aucun temps libre pour souffler. Et c'est ainsi que nous vivons nos vies, à courir, inlassablement, mais pour aller où, finalement ? Obnubilés par des buts, LE but, nous oublions que le chemin est tout aussi, voire plus important que la destination, et nous passons parfois à côté des petites choses qui valent mille fois la peine de s'y attarder. Ainsi, si certains s'épanouissent dans une course effrénée qui fait regarder droit devant, tendu vers des buts multiples, tel n'était pas mon cas.

Et c'est en décélérant, pas à pas, que j'ai aussi découvert que j'ai besoin de vide, car s'il n'y a pas de vide, il ne peut pas, par définition, y avoir de plein. En philosophie, d'ailleurs, la notion de vide est intimement liée à celle de l'être, nous en reparlerons. J'ai également besoin de silence. Il me devient de plus en plus précieux et indispensable. Il me permet de me recentrer, il me donne accès à des sensations insoupçonnées. Enfin, j'ai surtout besoin de prendre mon temps, d'aller à mon rythme. Pourtant, je ne vous cache pas que le trouver, ce fameux rythme, n'a pas été simple. Nous grandissons et sommes élevés en nous entendant dire à longueur de journée qu'il faut produire de bons résultats à l'école ou des performances dans notre vie personnelle ou professionnelle, par exemple. Que l'inactivité est honteuse, culpabilisante, et serait le signe d'une nature indolente et sans volonté. Dès notre plus jeune âge, on nous inculque que le repos se mérite et que seuls les efforts acharnés seraient dignes de louanges.

Moi, j'aime me laisser porter, flotter parfois comme un fétu de paille qui voguerait au gré d'un vent malicieux, marcher le nez en l'air à regarder des toits biscornus ou des façades inattendues, m'attendrir devant une personne qui écoute de la musique sur un banc, concentrée sur la joie que cela lui procure, me rendre disponible pour mes amis, méditer. J'aime observer ce à quoi personne, ou en tout cas presque personne, ne prête attention, comme le note l'écrivain Georges Perec dans un de ses livres que j'affectionne tout particulièrement *Tentative d'épuisement d'un lieu parisien* : « Ce qui ne se remarque pas, ce qui n'a pas d'importance : ce qui se passe quand il ne se passe rien, sinon du temps, des gens, des voitures et des nuages. » Choisir la voie de la décélération, du ralentissement volontaire, comporte, à mon sens, de nombreux bénéfices, dont je fais l'expérience depuis plusieurs années.

Le ralentissement possède de nombreux bienfaits :

- Sur sa santé

  En introduisant un peu de lenteur dans sa vie et en se libérant de l'urgence inutile, en « levant le pied », selon l'expression bien connue pleine de bon sens, on observe tout d'abord une notable diminution du stress, de l'angoisse et de l'anxiété. Ce qui entraîne une nette amélioration de sa santé. Le cœur bat plus lentement, les pics de cortisol (aussi appelé « hormone du stress ») se font plus rares, et la tension artérielle diminue. Lorsque nous arrêtons de nous brusquer, notre corps reprend donc son rythme naturel, celui qui lui convient pour être dans sa meilleure forme possible. Et ça, c'est très agréable à ressentir. On entend souvent parler de « ralentir le vieillissement » et c'est en ralentissant tout court que cela est possible.

- Sur ses relations

  Ralentir permet d'entretenir de meilleures relations avec les autres, car nous apprenons à être dans le moment présent, en ne faisant qu'une chose à la fois. Exemple concret : au téléphone, on évite de ranger ou de plier son linge en même temps pour « gagner du temps », pour se concentrer pleinement sur ce que la personne au bout du fil nous raconte.

Cela paraît bête, mais cela nous invite à être plus à l'écoute, et donc à apporter un peu plus d'harmonie dans les relations. Autre bénéfice : la personne observera qu'elle a toute votre attention et la conversation n'en sera que plus privilégiée. C'est très agréable de se sentir comme la priorité de l'Autre, ne serait-ce que pendant quelques minutes. Cela met dans de meilleures dispositions et apporte, selon moi, un échange de bien meilleure qualité.

- Sur son cerveau

Pour le plus grand nombre, l'hyperactivité et la réflexion ne vont absolument pas ensemble. L'une est l'ennemie de l'autre, et c'est seulement en faisant les choses lentement et en conscience que notre cerveau peut fonctionner au maximum de ses capacités. La lenteur peut également nous aider à faire de meilleurs choix. Par exemple, au restaurant, prendre le temps d'écouter ce que notre corps nous dit, afin de savoir si l'on a encore faim. D'ailleurs, il existe un restaurant à Paris où la salle est plongée dans le noir total, forçant les clients à écouter leur instinct et les signaux de leur corps : ne voyant pas ce qu'il y a dans l'assiette, ils arrêtent de manger à satiété, lorsque leur corps leur fait savoir qu'il a eu ce dont il a besoin. Notre corps nous parle constamment, apprenons à l'écouter.

- Sur son bien-être global

Ralentir permet d'aborder la vie avec plus de sérénité et de zénitude. Le fait de ralentir augmente considérablement la qualité de vie. Nous apprenons à privilégier la qualité à la quantité, ainsi qu'à dédier notre temps aux choses essentielles, celles qui nous rendent vraiment et profondément heureux, et aux personnes essentielles. Raclette dominicale entre amis, balade citadine ou en forêt en famille, soirée jeux de société, pique-nique en amoureux, la voie de la décélération nous pousse à être pleinement dans l'instant, et à le savourer. C'est faire l'expérience du bonheur.

Parce que tout changement, pour qu'il soit durable, demande du temps, il faut y aller **par étapes, sans précipitation**. La *slow life* ne s'adopte pas du jour au lendemain, il ne s'agit pas de tout envoyer balader d'un revers de manche. Après vous avoir expliqué concrètement ce qu'est la *slow life*, je vous accompagnerai pas à pas pour remettre de la lenteur au cœur de votre quotidien, pour gagner en qualité de vie et ne plus avoir l'impression qu'elle vous file entre les doigts. Chaque chapitre de la seconde partie se terminera par deux exercices : un exercice pratique et un exercice d'écriture vous proposant de vous arrêter pour vous concentrer sur l'instant présent. Des témoignages de personnes ayant ralenti et adopté un nouveau rythme de vie parsèmeront votre lecture et constitueront des exemples inspirants pour imaginer votre future vie au ralenti.

PARTIE 1

Rien

ne sert de courir…

Chapitre 1

Prendre conscience

Est-ce que le monde va trop vite pour vous ?

Si cet ouvrage est entre vos mains, c'est que vous avez pris conscience qu'il est nécessaire que quelque chose change pour vous. Dans une société qui valorise et où règne la suractivité, vous sentez-vous en décalage et souvent dépassé ? La vitesse à laquelle le monde change est vertigineuse, le progrès n'arrête pas ; et vous, dans tout cela ? Comment vous sentez-vous ? Vous autorisez-vous à souffler, pour juste… vivre et prendre le temps d'être ? Ou êtes-vous toujours fatigué, à bout, irritable, éreinté, souvent en retard, stressé ? Souffrez-vous d'anxiété ? De maux physiques, comme des douleurs au dos, des migraines, des maux de ventre ? Nous sommes dans un monde du « faire » et non du « être », ce qui est, honnêtement, tout simplement épuisant. Nous sommes de plus en plus nombreux et nombreuses à ne plus en pouvoir et à prendre conscience qu'un chemin alternatif existe, finalement pas si loin des sentiers battus, et, bonne nouvelle, qu'il n'est pas si difficile que cela à emprunter. Dans l'un de ses spectacles, Raymond Devos ironisait déjà en 1999 : « Excusez-moi, je suis un peu essoufflé, parce que je viens de traverser une ville où tout le monde courait… Alors je ne peux pas vous dire laquelle, je l'ai traversée en courant. Mais lorsque j'y suis entré, je marchais normalement... Mais quand j'ai vu que tout le monde courait, je me suis mis à courir comme tout le monde, sans raison. Alors à un moment je courais au coude à coude avec un monsieur et je lui dis : “Dites-moi, pourquoi tous ces gens-là courent-ils comme des fous ?” Il me dit : “Parce qu'ils le sont.” Il me dit : “Vous êtes dans une ville de fous, ici. Il y en a qui courent au plus pressé, celui-ci court pour la gloire, celui-là court à sa perte.” Je dis : “Pourquoi courent-ils si vite ?” Il me dit : “Pour gagner du temps.” » Voilà, nous sommes dans un monde de fous, où tout le monde court sans vraiment, finalement, savoir exactement pourquoi.

Et vous, avez-vous réussi à trouver votre propre rythme, votre propre tempo, face à cette accélération du temps ?

Et justement, comment trouver son propre rythme au milieu de ce monde hyperactif qui essaye de nous imposer le sien ? Nous nous sentons obligés d'enchaîner et de cumuler les activités pour, le plus souvent, cocher des cases. Des cases préétablies par on ne sait finalement pas trop qui : il faut à tout prix être performant au travail, avoir du succès, « faire carrière », et une fois la journée de boulot terminée, c'est dans sa vie personnelle qu'il faut également réussir. Nous devons faire du sport pour être en forme, avoir une vie sociale, une vie sentimentale épanouie, sortir pour se cultiver mais également lire, méditer, faire l'amour et dormir assez, aussi, parce que c'est bon pour la santé... En résumé, une liste non exhaustive d'activités censées être bénéfiques, mais l'accumulation fait que nous finissons en quasi-burn-out émotionnel, un épuisement qui découle d'un trop-plein de stress, lié à un manque de temps pour soi. Sur le papier, toutes ces choses sont excellentes, mais dans la pratique, il est impossible de tout faire, et le fait de ne pas y arriver entraîne, pour beaucoup, du stress et de la culpabilité. Et de l'autoflagellation parce que « pourquoi tout le monde y arrive sauf moi ? », et là-dessus, laissez-moi vous rassurer : nous sommes tous et toutes logés à la même enseigne, seulement certains font beaucoup mieux semblant que d'autres. Rien que l'expression anglaise : *fake it until you make it* veut tout dire : « Fais semblant jusqu'à ce que cela fonctionne. » Sauf que non, encore une fois, même en faisant semblant, ça marchera peut-être pour un petit pourcentage, mais pas pour les autres.

Êtes-vous fatigué de cette cadence incessante ?

La pression est continue, permanente, ça ne s'arrête jamais, quel que soit le domaine. Même le sommeil, le besoin primaire le plus basique indispensable à l'humain pour survivre, est devenu un luxe, que l'on daigne s'octroyer de temps en temps, lorsqu'on estime l'avoir bien mérité. Cela vous donne envie de hurler « STOP, je n'en peux plus » ? Vous vous sentez usé, lassé, épuisé, de cette frénésie infinie ? Vous manquez de temps pour tout faire ? La solution est très simple : arrêtez d'essayer de vouloir tout faire. Si si, je vous assure, c'est possible. Que se passera-t-il si vous arrêtez ? Vous verrez que la planète continuera de tourner de la même manière. Que le jour continuera de se lever, que le soleil continuera de se coucher tous les soirs.

« Je suis toujours épuisé »

J'ai remarqué que l'une des recherches Google les plus populaires concernant la fatigue est « Pourquoi je suis tout le temps fatigué », et cela en dit long sur l'état mental et le ressenti global des Français. Et parmi les réponses proposées par le moteur de recherche, on trouve : « Vous ne buvez pas assez d'eau », « Vous êtes trop sur votre téléphone », « Vous avez des carences alimentaires », « Vous ne faites pas assez d'exercice », « Votre maison est mal rangée », « Vous ingérez trop de caféine »... Que des postulats somme toute assez culpabilisateurs pour encore et toujours nous dire que nous faisons mal les choses. Alors que la seule et unique réponse à un « Je suis fatigué » devrait être d'en faire moins et de se reposer. Tout simplement. Pas de se rajouter des choses à faire sur une to-do list déjà bien complète. Juste de se laisser tranquille et de se relaxer. Souffler. Dormir. Nous avons malheureusement appris à trop bien encaisser la fatigue et ne savons même plus l'écouter, même quand elle se fait de plus en plus présente et pressante. Nous avons normalisé l'anormal.

Ralentir pour apprendre à contempler

Je crois que le mot « contemplations » est l'un de mes préférés de la langue française. Il veut dire tellement de choses et évoque à lui seul tout un univers. Rien que le verbe « contempler » appelle à la lenteur. Nous savons que nous ne pouvons pas le faire trop rapidement, que c'est une tâche qui ne se bâcle pas. Il faut du temps pour contempler. Il faut une certaine disposition mentale et physique pour contempler. Il faut être apaisé, relaxé, il est par définition impossible de contempler dans un état de stress, ou de rapidité. Selon Aristote, contempler est l'acte le plus noble de l'homme. C'est l'inverse d'une vie active. Mais la contemplation n'est pas non plus la méditation, elle ne demande pas d'être aussi aguerri, elle peut se pratiquer partout, avec moins d'expérience. Contempler est de loin l'une de mes activités préférées. La contemplation permet de libérer des émotions.

Dans un article paru dans *Le Monde* en décembre 2023, la chercheuse en psychologie Sylvie Chokron en souligne les bienfaits : « Notre rythme effréné nous empêche trop souvent de faire une pause, un arrêt sur image, simplement pour contempler le monde autour de nous. Admirer un ciel, un sourire, une lumière particulière ou encore une œuvre d'art nécessite, en effet, de passer du mode "apprentissage" au mode "esthétique". Le mode "apprentissage" est marqué par un souci d'efficacité et une optimisation de nos capacités attentionnelles, amnésiques et, plus généralement, intellectuelles. Le mode "esthétique", quant à lui, n'obéit pas aux mêmes lois. Lorsque nous nous offrons un moment de contemplation, notre attention ne se focalise que sur un seul objet, que nous admirons de manière tout à fait désintéressée, simplement pour ses qualités esthétiques ou pour l'émotion qu'il fait naître en nous, sans aucune arrière-pensée concernant un objectif d'efficacité. » Se libérer du joug du devoir, et prendre ne serait-ce que quelques secondes pour profiter de quelque chose de beau. Sauf que notre temps libre, du moins le peu qu'il nous reste, est happé par les écrans et la tentation du divertissement rapide et facile d'accès que représente le téléphone.

Sur son site Internet, dans un texte intitulé « Éloge à la contemplation », le psychiatre et écrivain Christophe André interpelle : « Je lance un appel : refaisons de nos écrans des outils et non des prothèses de notre esprit ! Redevenons libres, sensibles et intelligents, offrons à nos cerveaux des moments de pure contemplation : des moments où on ne fait rien d'autre que s'arrêter, observer, ressentir, respirer... Vous allez voir, plusieurs fois par jour, ça peut tout changer ! » Personnellement, je mets un point d'honneur à appliquer ce conseil tous les jours, et en effet, ça a changé pas mal de choses dans ma manière d'appréhender le quotidien. J'ai même désormais hâte de retrouver ces petits moments de déconnexion consciente que je m'accorde, même s'ils ne durent que quelques secondes. Ils me sont devenus indispensables, c'est comme un *reset* pour mon cerveau dont je ne peux plus, honnêtement, me passer.

Enfin, il est évidemment impossible de parler de contemplation sans évoquer Victor Hugo, qui en a fait le titre de son recueil de poèmes le plus connu, publié en 1856. Il y aborde des thèmes différents (l'amour, la joie, le deuil, la mort) mais aussi la beauté de la nature et de la flânerie, notamment dans son poème « Le poète s'en va dans les champs » : « Le poète s'en va dans les champs ; il admire / Il adore ; il écoute en lui-même une lyre ; ».

Pour moi, la décélération et la contemplation sont intimement liées, car la seconde ne peut pas exister sans la première. Contempler calme, apaise, régénère. Et, sur le long terme, lorsque cette activité est pratiquée et cultivée régulièrement, elle nous rend plus heureux.

Auto-diagnostic : exercice d'écriture intuitive

Pour savoir si vous avez, vous aussi, un gros besoin de ralentir, je vous propose un petit exercice tout simple, une sorte d'autodiagnostic, qui va vous aider à y voir un peu plus clair.

Munissez-vous d'un crayon ou d'un stylo, et avant de vous y mettre, prenez quelques minutes au calme pour faire le vide ou écouter un peu de musique, afin de mettre votre esprit dans les meilleures dispositions pour réaliser l'exercice. Vous pouvez effectuer quelques cycles de respiration consciente, juste vous concentrer sur votre souffle, en écoutant vos inspirations et vos expirations. Une fois que vous vous sentez apaisé, vous pouvez commencer à écrire.

Pensez-vous ressentir la nécessité de ralentir ? Depuis combien de temps ? Et pourquoi ? Laissez ici libre cours à vos pensées sans vous censurer, laissez juste le stylo glisser sur la feuille.

....

....

....

....

....

....

Chapitre 2

De la théorie de la slow life…

Qu'est-ce que la *slow life* ?

Voici un peu d'histoire pour comprendre l'origine de ce mouvement désormais très populaire, que l'on nous sert un peu à toutes les sauces. En passant devant une chocolaterie parisienne il y a peu, j'ai même remarqué qu'était écrit « chocolats *slow living* » en vitrine, donc vraiment, il y a de quoi se perdre : dès qu'un terme devient à la mode, on peut être certains que des déclinaisons parfois hors sujet vont naître. Le tout premier à avoir parlé de *slow life* est le journaliste italien Carlo Petrini, vers la fin des années 1980. Mécontent de l'ouverture du premier restaurant McDonald's à Rome, il crée le mouvement *slow food*, qui encourage la promotion d'une cuisine équilibrée à base de produits locaux, en respectant les saisons et la biodiversité. C'est donc de ce mouvement *slow food* que découlera par la suite l'idée plus globale de *slow life*.

La *slow life*, ou « vie lente » en français, est donc un mode de vie plus calme, plus mesuré et plus doux, centré sur l'instant présent, sur les petits riens et sur l'épanouissement personnel. La *slow life* incite et encourage à trouver la joie et à éprouver de la gratitude dans les petites choses que la vie nous offre au quotidien ; c'est une philosophie de vie. Que ce soit une gorgée de lait moussant dans son café, le sourire d'un enfant dans la rue, un croissant encore chaud acheté à la boulangerie, une grasse matinée ou encore le chant matinal d'un oiseau par la fenêtre, la *slow life* nous apprend à déceler et voir de la beauté dans la banalité. D'après une étude de 2022 menée par l'Observatoire Société et Consommation, huit Français sur dix estiment que le rythme de notre société est trop rapide et qu'ils aimeraient ralentir pour gagner en qualité de vie, en créativité, en relationnel, pouvoir ralentir la cadence pour accéder à plus d'épanouissement personnel. Huit Français sur dix, c'est colossal.

C'est donc une philosophie qui prône la qualité et la simplicité plutôt que la quantité. En faire moins, mais mieux, tout en se préservant. Voire parfois, ne rien faire du tout, car c'est bon pour la santé, de ne rien faire. Aux Pays-Bas, cela a même un nom : le *niksen*. Traduit littéralement par « ne rien faire », c'est un mouvement qui encourage à interrompre une activité pour laisser son esprit rêvasser et voyager un peu. Les bienfaits de cette pause sont multiples : régénération cérébrale, diminution du stress et de l'anxiété, boost de la créativité, réduction de la pression artérielle car le système nerveux est mis au repos. Les Pays-Bas sont d'ailleurs l'un des pays où les habitants sont les plus heureux au monde (derrière la Finlande, le Danemark, l'Islande et la Suisse).

Qu'est-ce que n'est PAS la slow life ?

Attention, la slow life*, ce n'est pas du tout ne rien faire. Ralentir ne veut pas dire perdre en productivité, ni se couper du monde et de ses proches pour aller vivre dans une ferme perdue au milieu des montagnes. Il ne s'agit pas non plus de* *devenir tout mou, inerte sur son canapé. Il est tout à fait possible de réussir, tout en adoptant un mode de vie plus lent. Il s'agit de redéfinir ses priorités, en se demandant ce qui, au fond, nous rend vraiment, réellement heureux ? Je parle ici donc non pas de se mettre à l'arrêt complet ou de procrastiner, mais plutôt d'apprendre à décélérer. Il ne s'agit pas non plus de bouleverser ou de réorganiser sa vie entière, mais plutôt d'intégrer de nouvelles petites habitudes simples à sa routine, pour gagner en qualité de vie. Selon une étude anglaise plus ancienne, publiée en 2009 et menée par la doctorante Phillippa Lally, il suffirait même de 66 jours seulement pour intégrer de nouvelles routines plus lentes. Une journée de télétravail à droite, une sieste à gauche, c'est en changeant quelques petites choses d'apparence anodines qu'une nouvelle vie va s'offrir à vous. Donc si les gros changements vous font peur, ne paniquez pas, le passage à une vie plus lente peut se faire par étapes, et en douceur, et une fois qu'on y a goûté, on ne peut plus vivre autrement – pour le meilleur.*

Prendre le temps de consommer

L'un des aspects importants de la *slow life* est indéniablement le changement de sa manière de consommer. Dans un monde où la surconsommation est très tentante (tout est accessible quasiment en permanence, très rapidement et à bas prix), il s'agit de consommer de manière plus consciente et réfléchie. D'essayer d'éviter les achats impulsifs « parce qu'on a passé une mauvaise journée ». C'est une approche beaucoup plus raisonnée, qui pousse à s'interroger sur ce dont nous avons vraiment besoin ou pas. La plupart des achats que nous faisons, en y réfléchissant à deux fois, sont des choses qui ne nous sont finalement pas essentielles et que l'on achète parfois juste parce qu'elles sont faciles d'accès, en quelques clics sur son téléphone, sans même avoir eu besoin de bouger de son canapé.

Prendre le temps de consommer, c'est aussi finalement économiser pas mal d'argent. « Ai-je vraiment envie de ce deuxième verre de vin ? », « Est-ce que j'ai besoin de me faire livrer à manger ce soir alors que j'ai de la nourriture au frigo ? », « Aurai-je l'utilité d'une troisième robe noire alors que les deux que j'ai déjà sont encore en bon état ? ». Un bon moyen de commencer à « *slow* consommer » est déjà de faire un grand tri dans vos placards et de vous débarrasser de tout ce que vous n'avez pas porté depuis au moins un an. Vous vous rendrez compte de la quantité dont vous vous séparez et donc de l'inutilité de racheter de nouvelles choses. Il ne s'agit pas de ne plus jamais rien acheter et de ne pas vous faire plaisir, mais de changer votre manière de consommer, en y ramenant un peu de raison.

Et c'est dans cette lignée consciente et engagée que se démarque le restaurant *Mirazur*, à Menton. Avec trois étoiles au Michelin et après avoir été élu « meilleur restaurant du monde » en 2019 par le World's 50 Best Restaurants, le chef argentin qui le dirige, Mauro Colagreco, a totalement revu sa manière de cuisiner. Depuis sa réouverture post-Covid, il a décidé de proposer ses plats en fonction des différentes phases de la Lune. « Pendant trois mois du confinement, j'ai beaucoup travaillé dans le jardin. Ça m'a permis d'évacuer mes angoisses et d'être en contact avec la terre. J'ai repensé plein de choses : le rythme de travail, la façon de produire, de consommer… Nous travaillons beaucoup avec la biodynamie et le calendrier lunaire. Par exemple, lorsque nous plantons des épinards, nous le faisons le "jour feuilles". Cela a été comme une évidence, certains jours sont plus propices à s'occuper d'un des quatre éléments que sont les feuilles, les fruits, les racines et les fleurs », explique-t-il.

Loin des clichés que peuvent véhiculer les restaurants étoilés, je trouve cette initiative révélatrice d'un profond changement des mentalités.

Le mouvement *slow*, de manière plus globale

La *slow life* s'étend même à des sphères où on ne l'attendrait pas forcément et se fraye un chemin un peu partout. Désormais, il existe plusieurs domaines qui peuvent être pratiqués de manière *slow* et qui sont en train de se démocratiser :

- *Le slow travel ou slow tourisme :* à l'instar du blogueur voyage Bruno Maltor, dont j'ai eu la chance de recueillir le témoignage, qui le pratique depuis plusieurs années, le *slow travel* consiste à privilégier la qualité du voyage plutôt que la quantité. Ne plus courir pour essayer de voir un maximum de choses en un temps réduit (combien de personnes rentrent épuisées de leurs vacances ?) mais plutôt prendre le temps d'apprécier, de rencontrer les locaux et de surtout respecter les sites que l'on visite. Ne pas voir le moyen de transport comme un seul moyen de locomotion : le trajet devient lui-même partie intégrante du voyage. Prendre son temps pour partir à l'aventure, en savourant chaque étape que cela inclut. À l'heure où les instagrammeurs se ruent à Bali pour tous avoir LA photo dans les lieux les plus photogéniques d'Indonésie, il s'agit de prendre le contrepied en ralentissant la cadence et rentrer de vacances... reposé et ressourcé, tout en ayant respecté le pays que l'on a visité.

- *La slow cosmétique :* c'est un terme inventé par Julien Kaibeck, blogueur et auteur spécialisé dans le bien-être, qui en a ensuite créé un label de consommation alternatif de la beauté. La *slow* cosmétique prône des cosmétiques plus sains, plus naturels, dans le respect des animaux et du végétal. Sont privilégiés les ingrédients naturels et biologiques les moins transformés possibles, excluant tout produit issu de la chimie de synthèse, de la pétrochimie ou de l'exploitation animale.

- *Le slow management :* issu du concept anglo-saxon *Management by Walking Around* (« diriger tout en marchant » pour aller à la rencontre de ses employés), le *slow management* est une notion qui privilégie le bien-être au travail avec une mise en place de nouvelles pratiques managériales « alternatives ». Son but est d'améliorer le quotidien des employés, d'améliorer le travail d'équipe, de réduire le stress des employés, ainsi que d'augmenter la productivité. Ces valeurs sont à l'opposé du *fast management* qui mène parfois certains employés, se sentant tellement peu considérés, jusqu'au burn-out, voire, dans le pire des cas, au suicide.

- *Le slow sexe :* loin des injonctions de la performance et de la quête de l'orgasme à tout prix, le *slow* sexe est basé sur l'instant présent, la relaxation et la lenteur, pour profiter pleinement du moment, à l'écoute de ses sensations et de son ressenti. Cela s'approche presque du sexe tantrique, axé autour du sensoriel, de la sensualité et de la connexion profonde à son partenaire. La sexothérapeute américaine Diana Richardson explique : « Nous proposons de ralentir et d'être présent à chaque instant de la relation sexuelle au lieu de faire l'amour d'une façon si intensément tournée vers l'orgasme que nous passons à côté de la possibilité de ressentir de subtiles nuances tout au long de l'union sexuelle[1]. »

- *Le slow parenting :* c'est un modèle parental différent de celui que nous connaissons tous, qui vient des États-Unis. Moins de jouets, moins de distractions, moins d'écrans, moins d'activités extrascolaires : en revanche, plus d'ennui, pour encourager l'enfant à développer sa créativité et son imagination, et le rendre plus autonome et responsable. Il s'agit aussi, dans la mesure du possible, d'être plus disponible physiquement et émotionnellement pour son enfant, pour partager des moments privilégiés et se forger des souvenirs uniques pour le reste de sa vie.

- *La slow city :* la *slow city* est un label créé en Italie à la fin des années 1990, sous le nom de *Cittaslow*. Il prône un mode de vie plus authentique, loin des fast-foods, privilégiant les circuits courts et les commerces de proximité. Ce label compte 191 villes dans le monde, dont sept en France (Créon, Mirande, Labastide-d'Armagnac, Segonzac, Loix, Saint-Antonin-Noble-Val et Valmondois).

- *Le slow wine :* comme pour la *slow food*, le *slow wine* est une prise de conscience dans le milieu du vin. Ce mouvement ambitionne de promouvoir la consommation de vins naturels, sans pesticides, herbicides ni colorants, qui respecte la biodiversité, ainsi que chaque personne impliquée dans la production. Un cahier des charges strict garantit un vin plus éthique et respectueux de l'environnement.

1. *Slow Sex, faire l'amour en conscience*, Marabout, 2019.

Témoignage

Judith Samama-Patte, experte bien-être

Avant de donner la parole à d'autres personnes, cela me semblait normal de me livrer un peu plus moi-même et de vous expliquer plus en détail comment j'en suis arrivée là.

Mon parcours

Comme je l'ai mentionné dans l'introduction, c'est après cinq années de salariat que j'ai entrepris de changer de rythme de vie. J'étais alors journaliste « lifestyle » pour le magazine *Grazia*, en CDI. Honnêtement, c'était un poste très agréable, et j'aurais pu, par confort, y rester bien plus longtemps. Sachant que les avantages en nature étaient aussi nombreux, j'avais sur le papier tout pour y être heureuse et épanouie.

Le déclic de la décélération

Au fil des ans, j'ai remarqué et observé que les contraintes temporelles qui rythment une vie salariale me rendaient profondément malheureuse. Chaque soir, je me couchais avec la boule au ventre parce que je savais que mon réveil allait sonner tôt le lendemain et que j'allais être contrainte de passer toute la journée assise derrière un bureau, finalement prisonnière et sans aucun contrôle de mon temps. Je passais des nuits affreuses, à me réveiller fatiguée (rien de pire que l'insomnie qui se prolonge quand on compte le peu d'heures de sommeil qu'il nous reste avant de devoir se lever), et ma santé mentale en a pris un coup. Étant sujette à l'anxiété depuis... toute petite, les crises de mal-être sont devenues de plus en plus fréquentes. J'avais l'impression de subir et que l'on me « volait » ce temps que j'avais envie de consacrer à autre chose.

Jusqu'au jour où la balance job cool/bien-être a été tellement déséquilibrée que le besoin de partir s'est fait pressant. Très pressant. Par chance, il y avait alors un plan de départ volontaire dans l'entreprise, que je me suis empressée de saisir, consciente que cette opportunité ne se représenterait pas une seconde fois. Je suis donc partie, et ceux et celles qui me suivent sur Instagram depuis longtemps savent qu'à l'époque, je lançais également une marque de sweat-shirts et de t-shirts de yoga. Qui a été un sacré flop, je n'ai aucune honte à le dire (l'échec est tellement important dans une vie entrepreneuriale !). Par la suite, j'ai monté une marque de bien-être (huiles de CBD et massages) pendant trois ans. Je l'ai également fermée car mes envies avaient changé pour revenir à ma passion initiale et de toujours : l'écriture.

Les bénéfices de ce ralentissement

Certes, la vie d'indépendante est plus incertaine d'un point de vue financier. En revanche, la liberté que cela m'a apporté me comble entièrement.

Je me lève à l'heure que je veux, je dispose de mon temps comme je le souhaite (exemple : prendre tout mon lundi si je ne suis pas d'humeur, mais décider de travailler un dimanche à 15 heures si mon esprit y est disposé à ce moment-là). C'est un choix de vie que je ne regrette absolument pas.

L'impact sur mes proches

Je trouve que j'entretiens et nourris des relations plus profondes avec les gens qui m'entourent. Je prends le temps de partager des moments simples avec chacun d'entre eux, vraiment rien d'extravagant, et c'est justement dans cette simplicité que j'arrive à trouver un bonheur qui me semble finalement plus pur.

Ma prochaine étape sur la route de la *slow life*

Encore plus me laisser porter et guider par mon intuition et mes émotions. Continuer d'écouter mon corps, qui sait toujours me mener vers ce qui est bon pour moi. Et nourrir mon cerveau, le stimuler, encore et toujours, de choses nouvelles et fascinantes, parfois difficiles, pour ne jamais cesser d'être curieuse.

PARTIE 2

Sur le chemin de la slow life, pas à pas

Premier pas

Changer de regard

Comment ralentir ? Pourquoi ralentir ? Comment trouver le bon rythme pour soi, et réussir à le conjuguer avec sa vie professionnelle et personnelle ? Comment reprendre possession de son temps au lieu de toujours lui courir après ? Oser rêvasser, flâner, dormir, s'autoriser à ne rien faire. Remettre la joie et le plaisir au centre de sa vie et de ses priorités.

Prendre le temps de prendre son temps

Prendre son temps… Tout le monde en rêve (du moins y prétend), mais, finalement, peu de gens le mettent réellement en pratique. Et prendre son temps, puisque cela va à l'encontre de ce que l'on nous inculque, cela s'apprend. Déjà, pour prendre son temps, il faut avoir du temps (rien de trop étonnant jusqu'à présent). Votre routine métro-boulot-dodo dévore peut-être déjà celui que vous avez à disposition, pourtant il est possible d'en reprendre possession et de stopper cette désagréable sensation du temps qui nous file entre les doigts, en toute impuissance, et qui nous laisse souvent, toutes tâches et activités accomplies, un sentiment de gâchis. Car il n'y a rien de pire que de voir le temps passer en ayant l'impression qu'il nous échappe totalement. Lorsque c'est décidé, prendre son temps n'est pas une perte de temps.

Quel plaisir de se dissiper, de procrastiner ! « La procrastination est souvent associée à la paresse. Or, elle se situe quelque part à mi-chemin entre l'inertie et l'activité frénétique, cette dernière étant souvent perçue comme une vertu dans la société. Pourtant, les procrastinateurs font quelque chose – seulement, ce n'est pas ce qu'ils avaient prévu de faire ou ce qu'ils sont censés faire. Remettre quelque chose à plus tard peut même avoir pour conséquence ce que les psychologues appellent la procrastination productive », rapporte un article[2] paru dans *Courrier international*.

Et les auteurs célèbres ne manquent pas de le rappeler dans leurs œuvres. Voici un petit florilège de dix de mes citations préférées sur le temps, le temps qui se fige, le temps qui passe :

- « Mon passe-temps favori, c'est laisser passer le temps, avoir du temps, prendre son temps, vivre à contretemps », célèbre citation de Françoise Sagan.
- « Les hommes n'ont plus le temps de rien connaître », Antoine de Saint-Exupéry, *Le Petit Prince*.
- « Le temps mène la vie dure à ceux qui veulent le tuer », Jacques Prévert.
- « Ce n'est pas le temps qui manque, c'est nous qui lui manquons », Paul Claudel.
- « Laisse chaque chose prendre sa place : laisse chacune de tes affaires prendre son temps », Benjamin Franklin.
- « On peut aussi prendre son temps, choisir les saisons et les heures creuses. Préférer les sentiers aux autoroutes. C'est comme l'amour en fin de compte. Les grands circuits sont les mêmes pour tous. Mais chacun peut y préférer, ici ou là, sa petite chapelle », Jean-Claude Carrière.

2. « Les bienfaits de remettre à demain ce qu'on pourrait faire aujourd'hui », *Courrier international*, 6 janvier 2024.

- « Jouis du jour présent, sans te fier le moins du monde au lendemain », Horace.
- « L'avenir est ce qu'il y a de pire dans le présent », Gustave Flaubert.
- « Il est des pensées qui, comme certaines fleurs, doivent se respirer lentement, en osant prendre le temps de ralentir le temps », Jacques Salomé.
- « Ce qui est merveilleux, c'est qu'en ralentissant, on parvient enfin à mieux apprécier le paysage, et à s'intéresser à autre chose qu'à nous-mêmes. Jusqu'à se faire avaler par le grand spectacle du monde avec les arbres, les gens, les sentiments, tout ce qui vibre autour de nous. Mais pour mesurer une pareille ardeur, il faut ralentir », Dany Laferrière.

Oser prendre le contre-pied

Je ne sais que trop à quel point il est difficile de bifurquer, d'emprunter un chemin vu comme « anticonformiste », voire perçu comme un signe de faiblesse ou de renoncement aux yeux des autres. Nous grandissons avec la croyance, l'idée bien ancrée, qu'il faut rester dans les clous, ne pas faire de vagues ni de bruit, voire se fondre dans la masse ou, au contraire, être un bourreau de travail qui ne lève jamais le nez et ne s'accorde aucun répit. Ne pas faire de vagues. Surtout ne pas se faire remarquer. Au détriment de son propre bonheur. Or, oser nous affirmer après avoir trouvé le sens que nous souhaitons donner à notre vie est, selon moi, l'une des étapes fondamentales sur la voie de la décélération. Être à l'écoute de ses envies, de ses besoins, et surtout, ô vaste sujet, savoir définir puis fixer ses limites. C'est bien sûr facile à dire mais en revanche bien plus complexe à définir et à mettre en œuvre. Cela nécessite du temps… Je vous rassure, pour moi aussi, cela s'est déroulé en plusieurs étapes. La plus importante a été d'oser quitter un emploi stable où je me sentais à l'étroit, écrasée par les règles et les objectifs à atteindre. Cela m'a aussi obligée à redéfinir mes priorités, mes besoins, à me lancer dans des formations, à rencontrer d'autres personnes. Cette évolution m'a permis, concomitamment, de faire comprendre et d'accepter à mon entourage que j'étais en train de changer et que mon mode de vie allait évoluer en conséquence. J'y suis allée doucement dans le respect des autres, amis, proches ou non. Les vrais amis ont compris, certains m'ont même emboîté le pas ; d'autres ont choisi de s'éloigner.

Comme on les aime, on a peur de les vexer et le plus souvent, on préfère se léser soi-même que les froisser. Pourtant, avoir des limites claires et définies facilite les relations, car il y a un cadre bien établi. Cela permet aussi de se faire respecter davantage et de booster son estime personnelle, lorsqu'on voit qu'on est capable de s'imposer et de s'exprimer. Et si vous communiquez sans violence et avec honnêteté, il y a de grandes chances que vous soyez entendu et compris. Qu'est-ce que j'entends par « limites » ? Tout simplement grâce à une saine introspection et une analyse honnête de soi, arriver à savoir ce qui est bon pour soi et le faire connaître aux autres. Par exemple, savoir refuser l'envahissement de son temps permet de mieux se recentrer sur soi et sur ses projets.

Comment réussir à poser ses limites ? Parce qu'il ne suffit pas seulement de le vouloir pour que cela arrive comme par magie, il y a des manières concrètes de réussir à imposer son cadre en toute bienveillance et dans le respect de l'autre (et de vous-même).

1. Tout d'abord, réalisez que vous ne pouvez pas plaire à tout le monde. Certaines personnes sont ce que l'on appelle en anglais des *people pleaser*, soit des gens qui veulent à tout prix faire plaisir aux autres. Or, il faut accepter que nous ne sommes pas faits pour nous entendre avec tous, cela relève même de la chimie, ou de l'alchimie, et il y a des gens avec qui le courant ne passera jamais. Avec eux, n'essayez même pas de poser vos limites, vous gaspillerez juste votre précieuse énergie, acceptez que vous ne soyez pas faits pour vous entendre et passez juste votre chemin.

2 Savoir identifier quelles sont vos limites et reconnaître lorsqu'elles ont été franchies. Votre limite se situe au moment et à l'endroit où vous vous sentez envahi dans votre espace personnel et vital.

3 Accepter que la pose de limites puisse prendre un peu de temps avant d'y arriver. C'est très difficile de réussir à s'imposer, donc ne soyez pas trop pressé, c'est normal que cela nécessite des ajustements ou que vous n'y arriviez pas forcément du premier coup.

4 Adapter ses limites en fonction de la personne en face : elles ne seront pas les mêmes, que ce soit avec un ami, une connaissance, un collègue ou un membre de votre famille. À chaque interlocuteur sa limite, cela dépend de vous.

5 S'exprimer sans agressivité, calmement, en regardant la personne dans les yeux : « Non, tu m'en demandes trop. » Fixer sa limite ne veut pas dire couper court à la conversation, ni raccrocher ou quitter la pièce sans un mot. Cela peut même être un point d'entrée vers une discussion plus approfondie sur le sujet, si votre interlocuteur est en mesure de vous entendre et de vous écouter (et a l'ouverture d'esprit nécessaire pour comprendre).

6 Savoir réagir lorsque la limite a été transgressée. Car certaines personnes vont faire mine de vous écouter et de vous comprendre mais, en pratique, ne changeront rien du tout à leur comportement envahissant. N'hésitez donc pas à vous répéter : « Non, je t'ai déjà dit que c'était hors limites pour moi, n'insiste pas. » Vous aurez peut-être l'impression d'être un disque rayé, mais tant que vous ne vous sentez pas entendu ou respecté, continuez. Cela vous permettra de disposer de ce temps pour vous au lieu de le dédier, sans plaisir, à d'autres.

7 Accepter que certains interlocuteurs ne veuillent pas comprendre du tout et se vexer ou se fâcher. Et là j'ai envie de vous rassurer : c'est leur problème, et plus le vôtre. Si vous avez exprimé un ressenti et qu'ils ne sont pas en mesure de le respecter, posez-vous sérieusement la question : avez-vous besoin ou envie de rester en contact avec eux ? Votre vie sera finalement peut-être plus paisible sans…

Refuser lorsque ça va trop vite pour soi

Comment savoir si les choses vont trop vite ? Très simplement : si vous vous dites souvent que vous n'avez pas le temps de faire ceci ou cela, c'est que la réponse est oui, soit que ça va trop vite, soit que vous vous surchargez et qu'il faut vous délester. Apprendre à dire non, sans culpabiliser... Facile à dire (ou à écrire)! En revanche, dès qu'il s'agit de le mettre en pratique, on se rend compte à quel point c'est beaucoup plus complexe que ce que l'on pensait, tout comme le fait de fixer ses limites. Envie de faire plaisir, peur de décevoir, crainte de heurter ou de vexer, il est parfois finalement plus facile de se mettre soi-même de côté pour contenter la demande d'autrui. Résultat: on fait passer ses besoins au second plan et on entre dans une spirale de mal-être et de fatigue, on ne se fait pas passer en priorité.

Il ne s'agit pas, bien sûr, de commencer à refuser tout ce que l'on vous propose, mais de faire passer vos besoins et votre ressenti avant celui des autres. Exemple: vous êtes épuisé, vous vous êtes engagé à aller au restaurant et vous avez peur d'annuler? Vous allez essayer de chercher une excuse évidemment fallacieuse, voire en arriver à mentir. Rendons-nous compte à quel point ce n'est pas normal d'en arriver là. Nous devrions être en mesure de pouvoir dire: «désolé de te faire faux bond, mais je suis trop fatigué, je vais rester à la maison pour me reposer, je te remercie de ta compréhension.» La fatigue devrait être, au même titre que le rhume ou l'angine, un motif admis et respecté à part entière.

Et si la personne en face n'est pas capable de l'entendre ou de le comprendre, alors, encore une fois, comme pour la fixation des limites évoquée plus haut, cela devient son problème à elle. Vous avez été honnête et si elle ne l'accepte pas, ce n'est pas à vous d'en assumer les conséquences. De manière inverse, vous devez être capable de recevoir et d'accepter les limites que se fixent les autres.

Je réitère: je sais que ce n'est pas forcément simple d'adopter cet état d'esprit, que se dire «c'est son problème et pas le mien » s'accompagne, du moins au début, de culpabilité. Par nature, nous n'aimons pas dire non aux autres. Nous avons spontanément envie que les autres nous apprécient, donc nous nous oublions pour leur faire plaisir. Répétez-vous que c'est OK de dire non, que c'est OK de ne pas vouloir, que c'est OK de poser vos limites, que c'est OK de perdre les gens qui ne voudront pas l'accepter.

Se détacher du sentiment de culpabilité qui accompagne « l'inactivité »

C'est un aspect de la décélération, et je mets un point d'honneur à l'aborder, car il m'a demandé beaucoup de temps et d'énergie (malgré ce que l'on pourrait penser si l'on tient compte de son intitulé). Dès notre plus jeune âge, on nous apprend que la vie doit être difficile et que le repos doit se mériter. Que nous devons absolument souffrir, endurer, transpirer, galérer, et que si les choses ne sont pas complexes, alors c'est qu'on les a mal faites, ou pas assez. Le plaisir doit se « gagner ».

Alors, forcément, en grandissant avec de telles croyances, nous associons le fait de ne rien faire à un immense sentiment de culpabilité. À du temps « perdu » que nous aurions pu employer à des choses plus utiles. Or, pour moi, il n'y a rien de tel que du « temps perdu ». Le seul temps perdu est celui qui, selon Proust, est perdu car il a disparu dans le passé. Le temps, même s'il n'a pas été employé à quelque chose considéré comme « utile », n'est absolument pas perdu. J'adhère au propos de Marguerite Duras, selon lequel « ce qui remplit le temps, c'est vraiment de le perdre ».

Nous avons appris à avoir honte lorsque nous ne rentabilisons pas notre temps. « Rentabiliser le temps », rien que cette expression est, pour moi, grotesque, absurde (je ne parle pas ici d'une bonne organisation qui permet d'exécuter rapidement des tâches afin de pouvoir dégager du « temps plaisir »). Même la chose qui nous échappe le plus sur cette terre devrait être… rentabilisée ? Il ne devrait y avoir aucun lien entre le temps et la rentabilité, les deux termes n'ont rien à faire ensemble. Ou c'est peut-être précisément parce que le temps nous échappe que nous nous sentons obligés de le rentabiliser, de remplir chaque heure au maximum. Comme pour nous donner un sentiment de contrôle sur ce qui est incontrôlable, remplir par peur du vide. Rentabiliser le temps pour nous rassurer du fait qu'il nous échappe totalement et entièrement.

Le temps libre fait peur, car on ne nous a pas appris à en profiter mais à le fuir, à le diaboliser. Donc, pour lui échapper, nous remplissons nos emplois du temps, jusqu'à ne plus en avoir, pour finalement nous plaindre d'en manquer. C'en est presque drôle, tellement c'est triste. On essaye de lui échapper, et lorsqu'on l'a perdu, on lui court après. Pourtant, il est si important de ne rien faire. Quand je dis « ne rien faire », je veux dire vraiment rien. « La pause fait, elle aussi, partie de la musique », écrit Stefan Zweig dans *La Confusion des sentiments*. Et en effet, comment veut-on continuer à composer harmonieusement notre vie si nous n'accueillons pas la pause qui lui est indispensable ? Donc, déculpabilisez de ne rien faire. Dans un reportage diffusé sur France Télévisions, Francis Eustache, neuropsychologue au CHU de Caen, explique que le temps pendant lequel nous ne faisons rien est même vital : « C'est un des temps indispensables à la création de notre autobiographie. Si on n'a pas ces moments, notre autobiographie va manquer de pages en quelque sorte. Et surtout, il va lui manquer une cohérence d'ensemble. » Et ne laissez pas non plus les autres gens vous culpabiliser de prendre du temps pour vous. Donc lorsqu'on vous demande ce que vous avez fait et que la réponse est « rien », assumez et ne cherchez pas à trouver des excuses au pourquoi du comment. Ne rien faire est une activité à part entière, et personne ne doit vous faire sentir coupable de ne pas avoir cherché à rentabiliser à tout prix le temps que vous aviez à disposition. Je vous assure qu'une fois que vous vous serez libéré de ce sentiment de culpabilité, vous profiterez deux fois plus des bénéfices de ce temps libre.

S'adonner à la rêverie

Je suis une grande adepte de cette activité que l'on appelle « rêvasser ». Vraiment, s'il existait un diplôme en la matière, je l'aurais obtenu haut la main, il y a bien longtemps déjà. La rêverie diffère de la contemplation, puisque l'objet de la contemplation porte sur quelque chose de réel, tandis que la rêverie, elle, se passe dans notre imaginaire. L'expression « être dans la lune » fait partie de mes préférées. Quel plaisir de juste laisser son esprit vagabonder ! Je ne dis pas qu'il faut rêver partout, tout le temps, mais s'accorder des petits temps de vagabondage cérébral a de réels bienfaits. En effet, des chercheurs canadiens ont démontré, dans une étude publiée dans la revue de l'Académie des sciences américaine que le fait de rêvasser permettrait de résoudre des problèmes complexes[3]. Car après une période de repos, le « cortex préfrontal moyen » serait ensuite plus efficace et donc plus à même de se concentrer sur certaines tâches. Si vous avez tendance à vous culpabiliser de parfois laisser votre esprit se dissiper au travail, dites-vous que vous n'en serez que plus actif et compétent par la suite et que ces moments sont salutaires pour votre esprit et pour votre productivité.

---

3. Christoff Kalina *et al.*, « Experience sampling during fMRI reveals default network and executive system contributions to mind wandering », Proceedings of the National Academy of Sciences of the United States of America, *28 mai 2009.*

Exercice pratique

Osez refuser une proposition que vous auriez naguère acceptée par politesse et faites-vous passer en priorité.

Exemple : décliner un déjeuner ou un café avec une personne dévoreuse d'énergie, s'accorder le droit de dire « non merci, je ne suis pas disponible » ou « non merci, je n'en ai pas envie, une prochaine fois peut-être », sans se croire obligé de donner une excuse pour enrober le refus, se préserver et surtout sans culpabiliser et sans penser, *a posteriori*, que l'on est une mauvaise personne.

Votre espace journaling

Qu'avez-vous fait pour ralentir cette semaine ? Vous êtes-vous accordé du temps pour vous ? Quel sentiment cela vous a-t-il procuré ?

....

....

....

....

....

....

....

....

....

....

....

....

....

....

....

....

....

....

....

....

....

....

....

....

....

....

....

....

....

Témoignage

Floriane Hugget, enseignante de yoga

Floriane Hugget a découvert les joies de la *slow life* lors du confinement de 2020 et n'a jamais abandonné ce mode de vie. Elle est la créatrice du compte Instagram @poesiedelarose.

Mon parcours

Je suis de nature plutôt introvertie et je me suis très vite sentie en décalage avec le rythme et les sollicitations constantes du monde extérieur. Cette suradaptation m'a causé beaucoup d'anxiété. J'ai vécu une vingtaine d'années en région parisienne, où j'ai travaillé dans les relations presse, puis le marketing et la communication digitale. De l'extérieur, j'avais tout pour être heureuse. Pourtant, de l'intérieur, je me sentais vide, déconnectée de mon corps et de mes émotions, en mode survie, avec l'impression de vivre une vie qui n'était pas la mienne. J'aspirais au fond de moi à plus de sérénité, de calme, de simplicité et de sens dans mon travail et dans ma vie.

Le déclic de la décélération

En 2020, j'ai profité des joies du télétravail pour expérimenter un nouvel art de vivre plus *slow* et me remettre au centre de ma vie. Comme je ne fais jamais les choses à moitié, j'ai démissionné et j'ai quitté Paris pour me rapprocher de l'océan. Je suis devenue enseignante de yoga et ai rejoint une entreprise épousant davantage mes nouvelles aspirations. Depuis, j'ai continué de cheminer vers une vie plus libre, consciente et sereine. J'habite désormais sous le soleil du sud de la France et je suis « slowpreneur » ! Autrement dit, je choisis de m'épanouir personnellement et professionnellement en offrant au monde ce qui m'anime, sans m'épuiser, dans le respect de mon propre rythme, en déconstruisant le modèle valorisé par la société et en sortant du conditionnement de la culture de l'urgence et de l'immédiateté.

Les bénéfices de ce ralentissement

J'y ai gagné une meilleure santé mentale et une plus grande vitalité, qui me permettent d'honorer la vie, de prendre le temps de m'émerveiller de chaque instant, de suivre mes élans du cœur et d'offrir le meilleur de moi-même. Au quotidien, l'éloge de la lenteur et de l'écoute de soi se retrouve dans ma manière de travailler, d'aménager mon emploi du temps en fonction de mon cycle : par exemple, cuisiner en pleine conscience, pratiquer le yoga (où je privilégie le ressenti à la performance), choisir la qualité dans ma vie sociale et dans ma manière de ritualiser mon quotidien.

Vivre en phase avec qui je suis, selon mon propre rythme, à l'écoute de ma nature cyclique et dans un environnement qui soutient ma philosophie de vie est le plus beau cadeau que je me suis fait ! Cette vie, je l'ai choisie, je l'ai créée, et pour rien au monde je ne retournerais en arrière. Bien sûr, cela demande du courage de se choisir, d'être « à contre-courant », de renoncer à certaines choses (et de passer parfois pour une sauvage ou une égoïste auprès de mon entourage), mais bien souvent, cela invite à la curiosité, au partage, et la plupart de mes proches trouvent ma démarche très inspirante. Je vous souhaite aussi de trouver le rythme qui est le vôtre.

Deuxième pas

Instaurer de nouvelles habitudes

Redéfinir ses priorités

Pour initier le changement et instaurer de nouvelles habitudes, il faut redéfinir ses priorités.

- Revoir son organisation et son emploi du temps

  Par revoir son emploi du temps, je veux dire l'alléger. Comme nous avons été éduqués avec la croyance que le temps doit absolument se remplir et s'employer, notre tendance est de combler chaque trou dans nos agendas, jusqu'à ce qu'il n'y ait plus, ou du moins peu, de vide. Car le vide, par définition, fait peur. Se sentir vide, pour certains, c'est même se sentir triste. C'est donc tout naturellement que nous voulons lutter contre. Que réveille-t-il en nous ? Et si nous décidions plutôt d'emprunter le chemin inverse, en essayant de l'apprivoiser plutôt que le rejeter à tout prix ? Car il est primordial d'accueillir les moments d'inactivité pour laisser plus de place aux choses essentielles. Même enfants, souvenez-vous, lorsque nous disions à nos parents que nous n'avions rien à faire. Les réponses culpabilisatrices ne tardaient pas : « Comment ça, tu n'as rien à faire ? Range ta chambre ! Révise tes tables de multiplication ! », etc. Adapter son emploi du temps pour qu'il respecte votre rythme est primordial. Nous ne sommes pas faits pour tous fonctionner au maximum de nos capacités aux mêmes moments de la journée. Les uns sont plus efficaces le matin, tandis que d'autres sont plus productifs le soir. Pour connaître les périodes où vous êtes, vous, le plus efficient, testez plusieurs « formules » et voyez celle qui fonctionnera le mieux pour vous. Ce sur quoi tout le monde s'entend, c'est le besoin d'une petite pause après l'heure du déjeuner, lorsque la digestion s'enclenche. Si vous avez la chance de travailler chez vous, c'est le moment opportun pour faire une micro-sieste. Si vous travaillez dans un bureau, vous pouvez toujours essayer de trouver une salle de réunion afin d'avoir quelques minutes pour fermer les yeux au calme.

- Réévaluer ses envies

Le fait de redéfinir ses priorités pousse inévitablement à se questionner sur ses désirs. De quoi avons-nous véritablement envie ? Faisons-nous la plupart des choses par obligation sociale ou par réel enthousiasme ? Savoir de quoi on a sincèrement envie peut s'avérer plus difficile que prévu, surtout lorsqu'on est habitué à œuvrer pour les autres. Faites le test et demandez à quelqu'un de quoi il a envie, souvent la réponse est « je ne sais pas ». Pourquoi ? Parce que nous n'avons pas l'habitude de nous interroger sur ce qui nous ferait plaisir à nous, en priorité. Se faire passer en priorité n'est pas égoïste. Cela permet de diminuer la charge mentale que nous portons tous et toutes au quotidien. Par exemple, accepter un café par peur de vexer l'autre si l'on refuse semble anodin en apparence, mais, sur le long terme, et en additionnant toutes les fois où nous nous contraignons, mis bout à bout, cette charge mentale commence à l'alourdir. Et puisque finalement, porter une charge mentale est devenu assez courant, nous ne savons pas qu'il est en fait possible de s'en délester. Nous acceptons de vivre avec, car nous ne savons pas faire autrement.

- **S'interroger sur ce qui nous rend heureux**

« Mais au fond, qu'est-ce qui me rend vraiment, profondément heureux ? ». Je crois que c'est le jour où je me suis posé cette question que ma perspective a changé sur ma manière d'organiser mon temps. Il ne s'agit pas là de pur égoïsme mais de concevoir qu'en faisant passer son propre bonheur en priorité, nous pourrons offrir aux autres la meilleure version de nous-mêmes. En se sacrifiant constamment pour autrui, on lui donne finalement une version un peu moins intéressante, puisque nous sommes frustrés ou pas complètement épanouis. Attention, évidemment il ne s'agit pas de toujours se faire passer en premier, certaines situations précises nécessitent, bien entendu, de se faire passer au second plan, je parle ici de manière générale, au quotidien. L'année dernière, j'ai vu circuler une vidéo sur les réseaux sociaux, qui défendait le point de vue suivant, que j'ai trouvé intéressant et pertinent : une personne considérée comme gentille, peut rendre 1000 services, si au 1001e service, elle refuse, les personnes en face auront le biais de se dire « tiens, elle n'est peut-être pas si gentille que cela, après tout ». À l'inverse, une personne perçue comme égocentré ou qui, elle, ne rend jamais service à personne, le jour où elle le fera, le biais de la personne en face sera de se dire « elle n'est pas si méchante que cela, après tout ». Comme ce petit proverbe arabe qui dit : « Tu peux rendre 99 services à une personne, elle se souviendra du 100e que tu ne lui as pas rendu. » Donc oui, faites de vous-même votre priorité.

Se créer une *safe place*

Une *safe place*, soit un endroit heureux, est vraiment le lieu dans lequel vous vous sentez le plus en sécurité, à l'abri de tout, comme dans une bulle enveloppante de protection. Et si vous n'en avez pas encore, créez-vous-en une chez vous. Mon appartement est complètement ma *safe place* (ex-aequo avec Hossegor), et il est primordial d'avoir cet endroit bien à vous dans lequel vous puissiez recharger vos batteries, décompresser, tout relâcher, vous régénérer. Cela peut même être votre chambre, et il existe plusieurs astuces, très simples à mettre en place, pour vous forger ce lieu sûr.

En voici quelques-unes :

- *La lumière :* elle joue un rôle très important pour calmer le système nerveux. Installez donc des lampes douces et tamisées, propices à la détente et à la relaxation. Voire une lampe coucher de soleil, si vous aimez cela autant que moi. Tout est dans le nom, c'est une petite lampe qui simule un coucher de soleil, j'en ai installé une dans ma chambre et ça a beau être simple, mais cela m'apaise énormément. Il ne faut pas négliger l'impact que certaines petites choses peuvent avoir.

- *Les objets :* délestez-vous du superficiel et allégez la pièce, afin que rien ne traîne par terre ou sur les tables de nuit, car le désordre peut créer du stress ou de l'anxiété. Un espace rangé = un esprit tranquillisé.

- *Les plantes :* à l'inverse du trop-plein d'objets qui peuvent nuire à la sérénité, les plantes, elles, sont les bienvenues dans cet espace sûr. Nul besoin de les accumuler, déjà deux ou trois apportent des bénéfices : celui de respirer un air plus sain et donc de favoriser la qualité du sommeil.

- *Les draps :* le confort prime, donc investissez dans une parure de draps digne de ce nom, pour que votre lit soit le plus douillet possible (préférence pour le coton ou le jersey de coton, qui donne l'impression de dormir dans un sweatshirt géant).

- *Les odeurs :* pour que tous les sens soient comblés, il faut aussi que votre *safe place* sente bon. Optez pour un diffuseur d'huiles essentielles ou une brume d'oreiller à vaporiser dans la pièce et sur le lit avant de vous coucher.

Qui sont les personnes essentielles à ma vie ?

À qui avez-vous réellement envie d'accorder votre temps ? C'est LA question qui peut un peu fâcher, car elle va vous forcer à réévaluer des relations et amitiés et vous permettre de faire le tri. Le résultat sera positif, en revanche, le processus pourra être un peu compliqué car vous allez vous rendre compte que certaines personnes ne vous « servent » pas. Ne vous servent pas, non dans le sens que vous profitez d'elles mais dans le sens qu'elles ne vous rendent pas réellement heureux, que ce n'est qu'une illusion et qu'en y réfléchissant, elles vous apportent peut-être plus de négativité qu'autre chose. Plus le temps passe, plus les cercles d'amis se restreignent naturellement. Parfois, il peut être indispensable de couper consciemment le lien, aussi difficile et délicat que cela puisse être.

Concentrez-vous sur vos ressentis lorsque vous êtes avec des personnes ou des groupes d'amis différents, sur le moment évidemment mais aussi après, en les quittant. La sensation après avoir passé un moment avec quelqu'un peut vous indiquer les bienfaits ou, au contraire, les méfaits de la relation. Vous sentez-vous vidé, requinqué, de bonne humeur, stressé ? Certaines personnes peuvent se révéler, et le plus souvent malgré elles, être de vrais vampires énergétiques : elles se sentiront mieux après vous avoir vu, tandis que, vous, vous aurez absorbé toute la négativité et le pessimisme qu'elles ont en elles. Je ne dis pas qu'elles le font de manière consciente ou malveillante, c'est juste leur façon d'être, leur *modus operandi* : elles prennent, elles prennent, elles aspirent, jusqu'à ce qu'il n'y ait plus rien à prendre, en ayant comblé un vide en elles, alors qu'elles en créent un en vous. Cette phase de la décélération et de la remise en question est, en toute transparence, désagréable, néanmoins essentielle. Vous serez moins entouré mais cent fois mieux entouré. La qualité plutôt que la quantité.

Découvrir le plaisir de l'ennui

L'ennui a une connotation très négative dans notre société moderne et je le déplore. En voici la définition donnée par le dictionnaire *Le Robert*: « une mélancolie vague, une impression de vide, une tristesse profonde, une lassitude morale, quand on ne prend d'intérêt, de plaisir à rien ». Réjouissant, en effet! Or, et ce qui est intéressant, c'est que la notion même d'ennui est plutôt récente et a pris forme avec la sédentarisation de l'être humain. Dans son livre *S'ennuyer, quel bonheur!*[4], l'auteur et psychiatre Patrick Lemoine, écrit: « Dans la nature, quand on lutte pour sa survie, on ne s'ennuie pas. » Comprenez: s'ennuyer est finalement un luxe, puisque cela veut dire qu'on a le temps et, finalement, pas de si gros problèmes que cela. Que l'on soit enfant ou adulte, l'ennui est perçu comme un ennemi. Comme mentionné plus haut, lorsqu'un enfant dit « je m'ennuie », l'un des parents lui rétorque immédiatement d'apprendre ses leçons, ou de faire quelque chose de constructif. Comme si l'ennui n'était pas constructif, comme s'il fallait le fuir à tout prix. Alors que, bien qu'inconfortable lorsqu'il est ressenti, il a des vertus (parfois) insoupçonnées, à justes doses bien sûr:

- *L'ennui favorise la créativité*: le cerveau, libre de toute sollicitation, est disponible pour imaginer, rêver, réfléchir, créer. Il est même à l'origine de grandes découvertes: il paraît qu'Isaac Newton, par exemple, aurait eu ses idées les plus notoires lors d'une retraite en pleine campagne après ses études secondaires. Une étude réalisée par des scientifiques britanniques en 2013 et présentée lors d'une conférence de psychologie le confirme, l'ennui booste la créativité[5]. Lors de l'étude, les chercheurs ont divisé les participants en deux groupes: l'un à qui ils ont fait faire une tâche ennuyeuse et laborieuse, l'autre non. Le premier groupe a

4. Armand Colin, 2007.

5. Mann Sandi, Cadman Rebekah, « Does Being Bored Make Us More Creative? », British Psychological Society's Division of Occupational Psychology Annual Conference, 13 janvier 2013.

dû recopier à la main des numéros de téléphone dans un répertoire, avant de passer à une activité créative : faire une liste tout ce qu'il est possible de faire avec deux gobelets. Le deuxième groupe, lui, n'a eu à faire que l'exercice créatif. Les résultats indiquent que les personnes qui ont rédigé tous les numéros de téléphone ont eu plus d'idées et ont mieux réussi l'exercice que ceux qui n'avaient pas effectué l'activité ennuyeuse au préalable.

- *L'ennui améliore la concentration :* le cerveau se focalise sur une seule chose à la fois et est donc plus apte à assimiler les informations et à les retenir. C'est excellent pour notre système cognitif. Donc si vous trouvez que votre capacité de concentration s'amenuise avec le temps (et à cause des réseaux sociaux, qui ne sont devenus qu'une succession de vidéos courtes qui conduit notre cerveau à s'habituer à recevoir des informations à une vitesse folle), ennuyez-vous !

- *L'ennui permet au cerveau de tout relâcher et de se mettre au repos, et donc de se régénérer, un peu comme lorsque nous dormons :* loin des sollicitations, des distractions et du bruit, l'ennui est une sorte de déconnexion pour son cerveau. À l'ère des retraites de déconnexion digitale en tous genres (désormais, on peut même payer pour s'ennuyer !), offrez-en une gratuitement à votre cerveau, en le laissant vagabonder vers l'ennui.

- *L'ennui aide à mieux se connaître :* seul avec soi-même, forcément, réflexion et introspection sont encouragées afin de déceler ses envies et désirs les plus profonds. Le philosophe Blaise Pascal disait : « Tout le malheur des hommes vient de ne savoir pas demeurer en repos, dans une chambre. » Que l'ennui nous effraie car il nous oblige à penser à la fin qui nous attend tous… la mort. Et que toute tentative de divertissement permanent n'est finalement qu'une fuite pour nous empêcher de penser à notre peur la plus profonde : celle de cesser d'exister un jour. Selon lui, passer du temps seul oblige à se confronter à ses démons, et peut-être donc à réussir à les dompter.

Apprendre à aimer le silence

Au même titre que le vide, le silence peut faire peur, car une majorité d'entre nous a pris l'habitude de n'être jamais vraiment seuls. Télévision, ordinateur ou radio allumée pour simuler une présence, musique dans les oreilles, amis, famille, finalement, nous avons toujours un bruit ambiant qui, au fil du temps, finit par devenir presque rassurant, ça devient notre zone de confort. Résultat : nous en arrivons même parfois à fuir le silence, parce que nous y sommes si peu habitués qu'il peut nous angoisser.

Le psychiatre et écrivain Christophe André, dans un plaidoyer sur France Inter de juillet 2019, déplore la disparition du silence : « Le silence n'est pas une privation mais une révélation ; ce n'est pas juste un manque de bruit ou de paroles, c'est un autre univers qui se révèle. Les recherches scientifiques démontrent les bénéfices sur notre cerveau, notre santé, de ces temps de calme, offerts à nos oreilles et donc à tout notre corps. Le silence est devenu si rare qu'il est aussi devenu chic et cher. Entre autres luxes, c'est lui que nous font payer les hôtels haut de gamme. C'est un triste destin pour un bienfait au départ gratuit et naturel. »

Il nous y rappelle également cette sublime citation de Paul Valéry, poète et philosophe : « Écoute ce bruit que l'on entend lorsque rien ne se fait entendre… Plus rien. Ce rien est immense aux oreilles. »

Le silence est donc littéralement devenu d'or, certaines retraites de méditation ou de yoga en ont d'ailleurs fait leur argument commercial principal, c'est le Saint-Graal auquel nous voulons accéder à tout prix. Et lorsqu'on habite dans une grande ville, il est parfois très difficile de pouvoir en profiter. Pour ma part, plusieurs fois par semaine, j'essaye de consciemment m'isoler, même seulement quelques minutes, dans un endroit silencieux. Cela peut être une bibliothèque, une église, ou même juste la salle de bains si on l'est dans une maison avec du monde. Le but est de me ressourcer et de m'accorder ce temps de pause, qui m'est réellement essentiel. Je ne me verrais plus vivre sereinement sans mes moments de silence hebdomadaires.

L'art de la sieste

Ce livre serait-il seulement un livre sur la *slow life* sans un éloge de la sieste ? Non, bien sûr que non. Je suis une pratiquante et une quasi-experte de la sieste, et je conseille de la pratiquer au plus grand nombre, tant elle m'apporte. Elle répond en fait à un besoin essentiel, vital, de notre organisme : celui du repos et de la récupération. Regardez les bébés et les enfants, et leur besoin de dormir souvent afin d'assimiler ce qu'ils ont vu et appris au cours de la journée.

Je déplore la connotation négative que véhicule la sieste alors qu'elle comporte en réalité de nombreuses vertus. Il en existe plusieurs types : la micro-sieste, quelques minutes seulement, pour non pas dormir mais permettre au corps et au cerveau de se reposer quelques instants.

La sieste classique, qui dure une vingtaine de minutes, et permet de poursuivre le reste de sa journée en ayant rechargé ses batteries. Enfin, la sieste longue (cycle d'une heure et demie-deux heures à peu près), destinée à se remettre d'un décalage horaire par exemple, même si c'est celle qui est la moins recommandée car elle peut perturber le rythme de sommeil général. C'est la sieste de secours en cas de besoin mais pas celle qu'il est préconisé de pratiquer régulièrement.

Les bienfaits de la sieste

- *Stimule la créativité : au Japon et aux États-Unis, des entreprises comme Mitsubishi ou Google mettent même des salles de sieste à disposition des employés, afin d'accroître leur potentiel au réveil.*
- *Améliore l'humeur, car la fatigue, nous le savons, rend grincheux.*
- *Augmente la capacité d'apprentissage : le cerveau est plus frais et donc plus disposé à assimiler de nouvelles informations.*
- *Renforce le système immunitaire et réduit le stress. Un article paru dans Le Monde rapporte les travaux d'une équipe de chercheurs menée par Brice Faraut, au Centre du sommeil et de la vigilance. Ils ont analysé la salive et l'urine de volontaires après une nuit sans sommeil, suivie ou non d'une sieste (Journal of Clinical Endocrinology and Metabolism, 2015). « Nous voulions voir la relation entre sommeil, système de stress et système immunitaire. On a mesuré l'Interleukin-6 dans la salive et observé une dépression de cette cytokine, qui a un rôle d'agent de défense d'agent pathogène au niveau de l'immunité buccale. Or elle remonte après une sieste de trente minutes. Ce sont des résultats intéressants, car on dit toujours que la sieste permet de dissoudre le stress, mais encore faut-il le montrer. Or là, nous en avons une démonstration physiologique, indépendamment du sentiment subjectif », explique le directeur de l'étude.*

Exercice pratique

Prenez votre douche matinale sans penser aux choses que vous avez à faire dans la journée et concentrez-vous sur les sensations : le bruit régulier du jet, la chaleur de l'eau sur votre peau, l'odeur du savon. Une douche en pleine conscience s'apparente à de la méditation en mouvement.

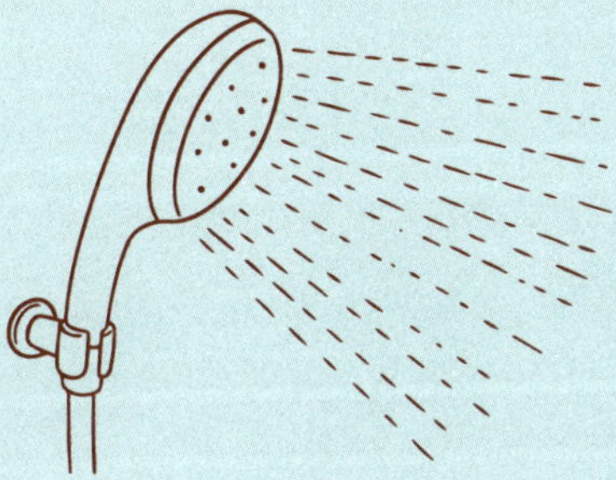

Votre espace journaling

Avez-vous réussi à faire quelque chose en conscience cette semaine ? Si oui, quoi ?

....

....

....

....

....

....

....

....

....

....

....

....

....

....

....

....

....

....

....

....

....

....

....

....

....

....

....

....

....

Témoignage

Damian Isiti, navigant

Damian Isiti est navigant pour une compagnie aérienne. Après une période intense professionnellement, il a adapté son rythme de travail afin de ne pas s'épuiser au travail.

Mon parcours

J'ai commencé le métier de navigant à 28 ans, après des années à chercher ma voie. D'abord, j'ai suivi des études en architecture. Je me suis ensuite dirigé vers des études de lettres et de langues (littérature anglo-saxonne) dans le but de devenir professeur. Au bout de la maîtrise, je me suis rendu compte que je n'avais finalement pas la vocation pour devenir prof. L'un de mes amis était déjà navigant dans la compagnie dans laquelle je travaille aujourd'hui, et je me suis dit que je voulais faire la même chose. J'ai donc entamé les démarches pour devenir navigant, j'ai suivi une formation, puis je suis entré en juillet 2000 dans la compagnie.

J'ai d'abord effectué deux ans sur des vols moyen-courriers, avant de basculer sur les long-courriers Asie, où je suis resté trois ans.

Le déclic de la décélération

Malgré les souvenirs incroyables que j'en garde, le rythme des long-courriers a été très difficile à supporter. Je n'avais pas la faculté de dormir sur commande, j'étais constamment épuisé, sous pression. J'ai même frôlé la dépression à cause de la fatigue et du décalage horaire. Sur avis médical, j'ai rebasculé sur les moyen-courriers, ce qui m'a sauvé.

Je n'ai pas pris conscience à ce moment-là que je « décélérais », j'étais dans un brouillard. En changeant de cadence, j'ai eu les idées plus claires : on respire plus facilement, le corps retrouve son rythme un peu plus « naturel ». En soi, tout est contre-nature dans le milieu aérien, et le long-courrier m'a mis à trop rude épreuve.

Je me suis également mis au yoga. Avec mon activité, je suis un peu « obligé » de pratiquer une activité qui m'étire et me détend : je porte des charges lourdes, j'ai mal au dos. Le yoga m'aide énormément. Cela m'a appris à respirer, à souffler.

Les bénéfices de ce ralentissement

J'ai retrouvé l'harmonie et le contrôle sur ma vie. J'ai retrouvé le plaisir de la contemplation. Le lâcher-prise. Avant, j'étais constamment dans le brouillard. Enfin, j'y voyais plus clair. Ma mère et ma sœur sont en Irlande, c'est ma deuxième maison. Je m'y réfugie dès que je peux. Lorsque j'étais petit, nous y allions même en bateau. Nous mettions un, voire deux jours à y aller. Donc quand j'en ai l'occasion, je prends le temps de faire mes trajets. Pour aller de l'aéroport à la maison par exemple, il y a 3-4 heures de bus : je ne les subis pas, j'observe les paysages défiler, je savoure ce temps suspendu.

L'impact sur mes proches

Pendant les années de long-courriers, je n'ai pas vu mes amis proches, je n'avais plus le temps. J'étais un zombie. Et c'est en revenant sur les moyen-courriers que j'ai renoué avec mes amis les plus précieux, qui m'ont pardonné cette « absence », sans rancœur et sans me reprocher quoi que ce soit.

Je me sens tellement plus heureux et épanoui de cette manière, surtout depuis que je suis à temps partiel.

Ma prochaine étape sur la route de la *slow life*

L'autonomie ! Cela n'a rien à voir avec le survivalisme. Mon objectif est d'être plus en phase avec la nature, l'alternance des saisons. Je me chauffe au bois, par exemple.

J'ai un potager et, dès que j'ai des sous, j'achète un peu de verdure, et je fais pousser des légumes, des fruits, des arbres (notamment des bambous).

Il y a deux ans, j'ai eu l'immense chance de pouvoir acheter un bord de rivière, au sud de Fontainebleau, au bout d'un chemin, sans aucun vis-à-vis. Une fois, face au magnifique spectacle d'un couple de cygnes qui passait devant moi, j'en ai pleuré de bonheur.

Je passe l'été dans une *tiny house*, en pleine nature, à cinq-six kilomètres de chez moi. J'ai un kayak. Des panneaux solaires. Prochaine étape : y vivre toute l'année, au bord de la rivière, entre mes vols.

Troisième pas

Cultiver la gratitude, les petits riens du quotidien

Pourquoi est-il important de cultiver la gratitude ?

Avant de plonger dans le comment, il est primordial d'établir pourquoi la gratitude et la *slow life* sont, selon moi, intimement liées. Qu'est-ce que la gratitude ? Selon le psychologue américain et expert scientifique sur la gratitude Robert Emmons (il a sorti plusieurs ouvrages sur le sujet, dont *La Gratitude*[6]) : « La gratitude est un état d'esprit transformateur qui nous permet de reconnaître et d'apprécier la valeur de chaque moment de notre vie. Elle n'est pas seulement une réaction à ce que nous recevons, c'est aussi une manière de voir, de penser et de vivre. La gratitude libère le plein pouvoir du cœur et nous permet de savourer les joies simples de la vie. » Le fait de cultiver et de chercher à explorer la gratitude apporte de la stabilité psychologique et à ressentir plus de bonheur au quotidien. Des études ont même démontré qu'une pratique régulière de la gratitude aiderait à réduire certains symptômes de la dépression et de l'anxiété. Elle favorise la multiplication des pensées positives et

6. Belfond, 2018.

serait donc très utile pour chasser les idées noires. Et c'est un cercle vertueux, puisque plus on prend l'habitude de la cultiver, plus notre manière de voir les choses change, et elle finit par venir à nous presque sans effort. Au-delà de ses bénéfices sur la santé mentale, la gratitude en a aussi sur la santé physique. Elle permet de protéger de certaines maladies liées au stress, et une étude de Robert Emmons a même prouvé que les personnes qui la pratiquent auraient un niveau d'anticorps plus élevés que les autres : « Une personne éprouvant de la reconnaissance est capable de mieux gérer le stress quotidien, pourrait montrer une plus grande résilience face à un stress post-traumatique, se rétablir plus facilement face à une maladie et bénéficier d'une meilleure santé », explique-t-il.

Un article paru dans *Les Échos* relate que, pendant le Covid, Sophie Lanthéaume, psychologue à l'hôpital Drôme Ardèche, avait fait installer un mur de la gratitude dans une unité de soins Covid, afin que les soignants, les malades et le personnel puissent ainsi se laisser des mots de remerciements. « Une manière de se reconnecter à la vie », d'après elle[7].

Vous l'avez compris, la gratitude est essentielle dans la culture du bonheur et, pour la pratiquer, il existe plusieurs outils que nous allons explorer ensemble ci-dessous.

Observer la beauté de la banalité

Le banal peut-il être beau ? Pourquoi le mot « banal » est-il considéré comme péjoratif ? Courant, ordinaire, qui manque d'originalité… En quoi est-ce, finalement, une mauvaise chose ? Pourquoi faudrait-il à tout prix chercher à se démarquer, à être

---

7. Lupieri Stefano, « Bien-être : "la pratique de la gratitude a changé ma vie" », *Les Échos*, 12 juin 2020.

différent ? Les choses ordinaires sont rassurantes, la banalité pour moi ne relève pas du tout du négatif.

À titre personnel et en toute transparence puisque nous sommes entre nous, je crois que c'est la perte soudaine de mon père qui m'a appris à cultiver la gratitude dans la moindre des petites choses et à trouver beaucoup de joie dans la banalité. Car, quand nous avons le temps de remarquer les choses banales, c'est que, finalement, tout va bien. Puisque notre esprit est disposé à se laisser happer par la banalité, c'est qu'il n'est pas occupé ou parasité par des événements plus graves. Que ce soit une gorgée de lait moussant dans mon café du matin, une grasse matinée, un sourire échangé à la volée avec un ou une inconnue, ou encore un rayon de soleil sur son visage, c'est la somme de toutes les petites gratitudes qui améliorent le quotidien. Mon père était philosophe, c'était un penseur, un érudit, et c'est de lui que j'ai hérité la capacité à me poser pour observer et contempler le monde tourner. Une sorte de « vie au ralenti » que j'ai mis un peu de temps à comprendre et à accepter, mais qui, désormais, fait vraiment partie intégrante de qui je suis et de ma manière de fonctionner. Et rien que pour cela, je lui en suis infiniment reconnaissante.

Les petits riens du quotidien

Qu'entendre par « les petits riens du quotidien » ? S'efforcer à arrêter de courir derrière l'extraordinaire, le sensationnel, l'époustouflant, le phénoménal. Et au lieu de penser à la prochaine chose « incroyable » que l'on va faire, se concentrer sur tous les petits plaisirs anodins que la vie nous offre chaque jour. Car, même les jours que l'on catégorise de mauvaise journée (on en a tous, je ne dirai jamais le contraire), où on a l'impression que tout va de travers, la vie nous offre d'infimes petits moments de grâce. Dans son livre La Première Gorgée de bière et autres plaisirs minuscules[8], *l'écrivain Philippe Delerm parle du bonheur qu'il tire de moments en apparence insignifiants : l'autoroute la nuit, écosser des petits pois ou encore le trottoir roulant de la station Montparnasse, il nous aide à prendre conscience des choses banales qui nous entourent.*

Et, au-delà de seulement en prendre conscience, cela permet de réussir à en tirer de la satisfaction. Chaque jour, j'essaye de pratiquer cette observation de petits riens autour de moi. À force de le faire, cela vient de plus en plus naturellement, et je me surprends souvent à ressentir du plaisir en observant des choses auxquelles je n'aurai jamais prêté attention dans le passé. Et les petits riens peuvent aussi être des sensations : la chaleur de l'eau sur ma peau quand je me douche, l'odeur du pain grillé des voisins par la fenêtre, le son des bûches qui crépitent dans un feu de cheminée l'hiver, l'époustouflante beauté d'un coucher de soleil ou encore la douceur d'un pull tout molletonneux. Cela peut prendre toutes les formes que vous souhaitez leur donner, selon ce à quoi vous êtes sensible. Trouver vos petits riens à vous vient vraiment rassurer le cerveau comme un point d'ancrage, lorsqu'il en a besoin. Les habitudes rassurent, elles régulent notre niveau de stress et sont donc un superallié pour préserver son bien-être et se sentir apaisé.

Coucher (ou lever) de soleil et *slow life*

Quand je pense au terme *slow life*, l'une des premières choses qui me vient à l'esprit sont les levers et les couchers de soleil, je ne sais pas pourquoi, ils sont indissociés dans mon cerveau, qui les range dans la même catégorie. Regarder un coucher de

8. Gallimard, 1997.

soleil est possiblement l'une de mes activités préférées sur cette planète, cela m'apporte un sentiment de plénitude et de sérénité rare, que peu d'autres choses sont capables de me procurer. Les levers et les couchers de soleil – au-delà de leur grande beauté esthétique – ont également des bienfaits incroyables sur la santé mentale. Une étude publiée en 2023 le prouve : « L'expérience a révélé que le lever et le coucher du soleil peuvent déclencher une augmentation significative du sentiment d'émerveillement. Un sentiment qui permettrait de renforcer le comportement social positivement et d'augmenter les émotions joyeuses », explique Alex Smalley, directeur de l'étude[9]. Lorsque exposés à des photos de paysages naturels exceptionnels, les participants de l'étude se sont même dits prêts à payer 10 % plus chers pour les voir (dans la vraie vie) au lever ou au coucher du soleil. Assez significatif des bienfaits que cela procure. Dès que vous en avez l'occasion, n'hésitez pas à vous lever plus tôt pour assister au lever de soleil ou à faire un détour lors d'une promenade estivale pour aller admirer son coucher.

Le pouvoir des affirmations positives

Les affirmations positives sont des phrases inspirantes faites pour être répétées chaque jour, ou plusieurs fois par jour, à soi-même ou à quelqu'un d'autre, dans le but d'augmenter la positivité et de chasser les pensées négatives de son esprit. Le fait de les répéter très régulièrement renforce le cerveau, et, un peu dans le même esprit que la méthode Coué, le fait de remplacer des autosuggestions négatives (« je ne vais pas y arriver », « je ne suis bon à rien »), par des autosuggestions positives (« je peux le faire », « je suis capable »)

9. « Beyond blue-sky thinking: Diurnal patterns and ephemeral meteorological phenomena impact appraisals of beauty, awe, and value in urban and natural landscapes », *Journal of Environmental Psychology*, mars 2023.

rend la possibilité que cela arrive plus réelle et probable. Cela revient à changer son état d'esprit pour accéder à plus de bien-être et de bonheur. Émile Coué était un pharmacien français et est considéré comme le fondateur avant-gardiste de la pensée positive, puisque c'est en 1920 qu'il a créé sa méthode, fondée sur la formule suivante : « Tous les jours et à tout point de vue, je vais de mieux en mieux. » Une étude de 2002 établit même un lien entre pensée positive et espérance de vie. Menées sur 660 adultes de plus de 50 ans, les recherches ont conclu que les personnes qui vieillissaient en pratiquant la pensée positive et en ayant un stress amoindri vivaient en moyenne 7,5 années de plus[10]. Nous connaissons l'impact du stress sur la santé, donc ce n'est en rien étonnant.

Plus récemment, c'est même le rappeur Snoop Dogg qui s'est emparé du concept, en sortant en 2022 la chanson pour enfants *Affirmation Song*, soit une suite de paroles à chanter en chœur dans les maternelles et les écoles primaires. Quelques exemples des paroles de la chanson : « mes sentiments sont importants », « je mérite de me sentir bien », « je crois en moi », « aujourd'hui va être une super journée », « je m'améliore de jour en jour », « je choisis d'être heureux », « les autres m'importent » « j'apprends de mes erreurs ». Une vidéo TikTok d'une enseignante américaine qui la fait écouter tous les matins à ses élèves a récolté près de sept millions de vues, et selon elle, cela aide réellement les enfants à être de meilleure humeur et dans des dispositions plus positives le matin. J'ai moi-même fait le test plusieurs jours d'affilée en l'écoutant au réveil, et en chantant et en effet, les affirmations positives m'ont mise de bien meilleure humeur.

---

10. Levy Becca R., Slade Martin D., Kunkel Suzanne R., Kasl Stanislav V., « Longevity Increased by Positive Self-Perceptions of Aging », *Journal of Personality and Social Psychology*, août 2022.

Donc chaque matin, dans le but de commencer la journée en cultivant la gratitude, je vous conseille de commencer à vous répéter des affirmations positives. Elles n'ont pas besoin d'être très élaborées, optez pour la simplicité et trouvez celles qui fonctionnent pour vous : notez-les dans un carnet et rédigez-les au présent, et sans négations.

Voici quelques exemples : « J'ai confiance en moi », « Je m'aime », « J'accueille l'inconfort », « J'attire le succès », « J'ouvre mon cœur à l'amour », « Je suis capable de surmonter ce que je suis en train de traverser », etc. Plus elles seront simples, plus il vous sera facile de vous les répéter quotidiennement. Et pour les jours où vous avez besoin d'un coup de pouce, une petite *Affirmation Song* de Snoop Dogg sous la douche reste terriblement efficace.

Savourer l'instant présent

Il y a une citation que j'aime beaucoup, celle d'Omar Khayyâm, poète et mathématicien du XIe siècle : « Aussi rapides que l'eau du fleuve ou le vent du désert, nos jours s'enfuient. Deux jours, cependant, me laissent indifférent : celui qui est parti hier et celui qui arrivera demain. » Chérir le moment qui se déroule sous nos yeux, plutôt que de ressasser ce qui s'est passé juste avant ou d'anticiper ce qui arrivera juste après. Il est très fréquent que nous soyons physiquement quelque part alors que notre esprit, lui, est ailleurs. Tracassé, absorbé par le téléphone, ou autre, il est quand même assez rare d'être complètement dans le moment présent. Christophe André, dans son livre *Méditer, jour après jour*[11], propose un exercice issu de la psychologie positive : « Faites un arrêt sur image quand vous sentez que vous vivez un bon moment. Portez

11. L'Iconoclaste, 2011.

ensuite votre attention sur ce que vous ressentez dans votre corps. Sensation de détente, de relâchement, d'ouverture, d'expansion, de vitalité joyeuse... Savourez-la. Imprégnez-vous de tout ce qui compose le moment : la lumière, les sons, les odeurs, les goûts, les couleurs, les matières, les expressions. Prenez mentalement en photo les visages qui vous entourent, le paysage, les éléments qui composent la scène. » En anglais, on appelle cela un *core memory*, en référence aux ordinateurs, un peu comme la mémoire centrale, celle qui vient se loger au plus profond de nous et sera sauvegardée pour toujours. Un autre auteur célèbre, Michel de Montaigne, aimait savourer l'instant présent. Dans son œuvre majeure les *Essais*, il écrit : « Quand je danse, je danse. Quand je dors, je dors. Et quand je me promène solitairement en un beau verger, si mes pensées se sont entretenues d'occurrences étrangères quelque partie du temps, quelque autre partie je les ramène à la promenade, au verger, à la douceur de cette solitude, et à moi. »

8 *tips* pour apprendre à profiter du moment présent

1 *Levez la tête* : dans le bus, le métro, la rue, ouvrez grands les yeux et regardez ce qui se passe autour de vous quand votre attention n'est pas absorbée par votre téléphone. Même dans le plus banal des trajets, vous verrez qu'en cherchant et qu'en observant, la beauté se présentera à vous.

2 *Respirez* : ne serait-ce qu'une ou deux minutes par jour, fermez les yeux et prenez des grandes inspirations et expirations en conscience. Rien de tel pour s'ancrer dans l'instant présent et calmer le système nerveux en cas de pic de stress ou de période un peu plus chargée.

3 *Lâchez prise quant au passé* : arrêtez de ruminer et de vous accrocher à des choses sur lesquelles vous n'avez plus d'emprise puisqu'elles ont déjà eu lieu. Je ne dis pas que c'est facile, mais à force de vous répéter qu'elles ne vous servent plus, vous verrez que, tout naturellement, elles finiront par s'estomper jusqu'à disparaître.

4 *Instaurez des rituels :* aussi petits soient-ils, ils aident beaucoup pour le fameux ancrage. Que ce soit, comme moi, votre café sacré du matin, un snack qui vous fait plaisir à 16 heures ou une balade digestive en écoutant un podcast après le déjeuner, mettez en place des petites habitudes quotidiennes qui vous font du bien. J'adore les rituels, et les jours où je manque de temps pour les faire (eh oui, même à moi cela m'arrive, parfois c'est le cordonnier qui est le plus mal chaussé), j'en ressens immédiatement les répercussions sur mon stress et ma stabilité mentale.

5 *Arrêtez de faire plusieurs choses à la fois :* vous vous souvenez de l'époque où c'était cool d'être une « super personne » qui fait plein de choses à la fois (le *multitasking* en anglais) ? C'est fini, révolu, on ne veut résolument plus en entendre parler. Cumuler les activités = incompatibilité absolue avec le moment présent. Concentrez-vous sur une seule tâche à la fois, vous la réaliserez en conscience, et mieux, puisque toute votre attention y sera dédiée.

6 *Laissez les distractions de côté :* ne serait-ce que quelques minutes par jour, et sans vouloir jouer à la moralisatrice car je ne suis pas forcément plus assidue là-dessus, séparez-vous de votre téléphone. Mettez-le dans une autre pièce pendant que vous buvez une tasse de thé ou rangez-le dans le salon pendant que vous lisez un livre au moment de vous coucher. Le but est de passer quelques instants loin de lui afin de ne pas vous laisser distraire (que ce soit par une notification ou simplement par la tentation de le consulter).

7 *Massez-vous :* faire quelque chose avec vos mains et vous occuper de vous est un excellent moyen d'être dans l'instant présent. Libérez quelques minutes par jour pour vous masser. Que ce soit le visage en effectuant ma routine du matin, ou le ventre ou les jambes en fin de journée, j'adore me masser pour me reconnecter à mon corps. En plus, l'automassage a d'excellents bienfaits sur la circulation sanguine, le bon fonctionnement du système lymphatique et la digestion, autant de raisons pour vous y initier.

8 *Écrivez :* ce qu'on appelle le *journaling*, en anglais, est très en vogue, et pour cause, c'est un excellent exutoire. Beaucoup de personnes l'utilisent pour comprendre leur stress et leurs émotions négatives et s'en décharger. Vous pouvez le pratiquer en rentrant chez vous, par exemple, comme un sas de décompression entre la journée de travail et la soirée. Un reset mental entre ce qui s'est passé avant et ce qui arrive. Vous n'avez même pas besoin du tout d'écrire des paragraphes, quelques phrases peuvent suffire pour vous soulager.

Exercice pratique

À la manière de Georges Perec, sortez prendre un café ou mettez-vous à votre fenêtre et essayez, pendant ce moment, de vous laisser interpeller par au moins trois personnes, ou choses banales, « insignifiantes ». Puis prenez le temps d'apprécier la banalité et la singularité de la scène à laquelle vous venez d'assister, spectateur d'un petit instant de vie qui appartient déjà au passé. Faites-vous une note mentale de ce que ce moment vous a apporté, et si vous avez de quoi écrire sur vous, encore mieux, notez-le pour vous en souvenir.

Exemples : un sac plastique qui vole, porté par le vent, un couple qui s'embrasse, un bus qui passe, un chien mignon au bout d'une laisse, un panneau publicitaire, ou encore un ou une passante qui boit un café…

Votre espace journaling

Décrivez la scène banale à laquelle vous avez assisté et pourquoi elle vous a procuré du bonheur, vous a fait rire ou sourire.

Citez trois petites choses pour lesquelles vous êtes reconnaissant cette semaine et qui vont ont fait du bien.

....

....

....

....

....

....

....

....

....

....

....

....

....

....

....

....

....

....

....

....

....

....

....

....

....

....

....

....

Témoignage
Bruno Maltor, blogueur voyage

Il y a quelques années, Bruno Maltor a décidé de changer sa manière de voyager et de privilégier la qualité à la quantité. Alors qu'il était habitué au *fast travel*, il a opté pour un nouveau rythme de voyage et prend désormais son temps. Pour son bien-être personnel et pour celui de la planète, des pays et des cultures qu'il visite.

Mon parcours

Je viens d'un petit village de Haute-Loire et depuis tout petit, je suis passionné par le voyage. J'ai 33 ans et, il y a un peu plus de dix ans, j'ai décidé de créer un blog voyage sans prétention…

Ce petit projet m'a amené beaucoup plus loin que prévu, puisqu'en 2014 je suis devenu créateur de contenu voyage à temps plein. J'ai la chance d'avoir plus de 3 millions de gens qui me suivent sur mes différentes plateformes (Instagram, TikTok, YouTube, LinkedIn et X).

Le déclic de la décélération

Cela fait plus de dix ans que voyager est mon métier, ma vie. En 2014, je ne me posais pas vraiment de questions quant à l'impact que je pouvais avoir et mon but était de tout voir le plus vite possible, sans vraiment m'interroger quant à la manière d'y arriver. J'avais une petite vingtaine d'années, c'était un moment différent de ma vie, j'aimais que tout aille vite. Mais au fil des ans, j'ai commencé à comprendre que ce n'était pas en « cochant les cases » de cette fameuse *bucket list* (une liste de choses que l'on rêverait de faire avant de mourir) de voyages que je m'épanouirais. En réalité, j'ai eu la chance via mon métier de passer un an à Prague, à Budapest puis à Lisbonne, et c'est là que le besoin de « mieux » voyager s'est fait sentir. J'ai apprécié passer des temps plus longs dans ces villes et ce sont ces expériences qui m'ont poussé à revoir ma manière de « consommer » le voyage.

C'est, d'un point de vue personnel, beaucoup plus enrichissant de prendre mon temps pour partir à la rencontre de l'autre.

Et gros facteur à ne pas négliger : l'impact du voyage sur la planète. Cette réflexion, plus récente, m'a fait me poser des questions sur comment je voulais voyager, mais surtout comment je voulais inspirer les personnes qui me suivent. À une époque, par exemple, je prenais l'avion trente à quarante fois par an, sans même me poser de questions. À présent, je fais tout pour effectuer mes trajets au sol, lorsque c'est possible. Notamment pour remettre le mode de transport au cœur de l'aventure. C'est ainsi que je suis allé en Sicile en train, bateau et train, ou encore à Vienne (Autriche) en train de nuit. Bien évidemment, cela allonge considérablement mon temps de trajet. En revanche, cela me permet de faire l'expérience de petits moments de vie qui rendent le moyen de locomotion aussi important que l'aventure qui m'attend. En avion, je n'aurais jamais pu assister à un lever de soleil sur la lagune de Venise ou encore dépasser le cercle arctique en train de nuit, émerveillé. Je fais plus de rencontres dans les trains que dans l'avion, où les gens sont absorbés par leur télé et pas forcément intéressés pour échanger avec les autres.

Les bénéfices de ce ralentissement

Je vis des expériences différentes et plus enrichissantes. Je suis aussi plus en phase avec mes valeurs et donc plus serein et en paix avec moi-même. Cela m'a appris à prendre conscience de mon rapport au temps et à redécouvrir le plaisir du moment présent.

Bonne nouvelle, cela inspire également mes abonnés, qui me disent régulièrement avoir revu, grâce à moi, leur manière de voyager – ils m'envoient des photos de leurs périples en train – et combien ils apprécient prendre leur temps. Ça me plaît de les aider à déconstruire certaines idées reçues, comme celle, par exemple, que l'avion est forcément le moyen de transport le plus rapide. Exemple concret : je suis allé à Barcelone en train depuis Paris centre et cela m'a pris sept heures. À première vue, c'est long. Mais l'avion, avec les transits d'aéroport, le passage de sécurité, l'accès au centre-ville, etc., n'est pas toujours plus rapide (environ six heures au total pour Barcelone).

L'impact sur mes proches

Certains de mes amis ont toujours une consommation *fast* du voyage et enchaînent les week-ends en avion dans diverses capitales européennes. Souvent, je propose des alternatives accessibles en train, par exemple, afin d'être plus conscients et responsables. Quand je prends l'avion, car je le prends évidemment encore, j'essaie de rester le plus longtemps possible sur place. Je me sens tellement plus heureux et épanoui de cette manière. Je n'ai jamais regretté ce choix.

Ma prochaine étape sur la route de la *slow life*

Essayer au maximum de continuer mes efforts. Prochainement, par exemple, je vais me rendre au Maroc en train puis en ferry, ça va certes être long mais j'ai très hâte de vivre l'aventure et de faire les belles rencontres qui m'attendent sur la route ! J'espère aussi continuer d'influencer positivement mes abonnés à faire pareil, à les encourager à sortir des sentiers battus et à partir à l'aventure différemment, en étant plus conscients de leur impact sur la planète, et à leur faire prendre conscience et ressentir que le trajet et le cheminement sont tout aussi importants que la destination.

Quatrième pas

Trouver sa paix intérieure (et la protéger)

Pourquoi faudrait-il mériter de se reposer ?

Tandis que Kant affirme que le meilleur repos est celui qui suit l'effort et le travail, l'écrivain et journaliste Paul Lafargue pense l'inverse. Dans son célèbre ouvrage *Le Droit à la paresse* paru en 1880, il écrit : « Le repos est un droit fondamental qui ne se mérite jamais. » Il va même plus loin en argumentant que le travail devrait être « un condiment des plaisirs de la paresse ». Le travail devrait être abordé différemment et s'insérer entre les périodes de repos. Évidemment, sur le papier, ce n'est pas forcément très réaliste, mais je trouve que c'est un point de départ intéressant pour s'interroger sur la notion de travail et de mérite. La société a ancré en nous qu'il faut toujours chercher à se dépasser et que le repos est une récompense. Dès notre plus jeune âge, on nous inculque qu'il faut « mériter », gagner le droit de se reposer après avoir travaillé. On nous apprend qu'il faut que la vie soit pénible, qu'il faut endurer, transpirer, supporter, subir, en pâtir... À l'école, déjà, les professeurs nous rabâchent les oreilles avec la complexité de l'avenir qui nous attend, certains sont même terrifiants, et nombreux sont les écoliers sous pression, qui subissent déjà un futur qui n'est même pas encore arrivé. Mais pourquoi ça ne pourrait pas juste être simple ? Pourquoi faudrait-il forcément galérer à tout prix ? Est-ce qu'on ne pourrait pas juste réussir dans la simplicité ? Alors que j'ai longtemps accepté ce lien entre effort et mérite, depuis quelques années, je me laisse tranquille. J'ai transformé les « J'ai fait du sport, je mérite de manger un gâteau » en « J'ai envie d'un gâteau, donc je vais en manger un » ; « J'ai beaucoup travaillé, je mérite de prendre un bon bain » en « J'ai envie de prendre un bain, donc, simplement, j'en prends un ». C'est finalement une approche beaucoup plus instinctive et intuitive, qui invite à moins réfléchir et à plus s'écouter.

Comment ne pas céder à la pression sociale et familiale

Je crois que ce qui est le plus complexe quand on a décidé de mener un mode de vie « singulier », ou en tout cas de ralentir un peu, c'est incontestablement le regard des autres. Parce que, forcément, cela suscite des interrogations. La différence interpelle, et je me dis que peut-être, au fond, ils projettent sur vous ce qui leur fait peur au sujet d'eux-mêmes. Vivre autrement, choisir la décélération, c'est donc aussi devoir accepter de servir de miroir. Parfois même, les incompréhensions peuvent venir des personnes dont nous sommes le plus proches. Les personnes qui devraient être les plus à même de nous comprendre ne comprennent pas. C'est dans ce cas-là qu'il peut être délicat, voire difficile, de réussir à protéger sa paix intérieure. Face à un inconnu, le jugement nous importe peu, mais quand la personne compte pour nous et que l'affect entre en jeu, c'est là que ça peut poser problème.

Comme disait Georges Brassens dans sa chanson « La Mauvaise Réputation » : « Je ne fais pourtant de tort à personne / en suivant mon chemin de petit bonhomme. / Mais les braves gens n'aiment pas que / l'on suive une autre route qu'eux. » Dans le processus de ralentissement, essayer de se détacher du regard des autres s'avère une étape clé. Plus vous accordez de valeur à l'avis d'autrui, moins le vôtre en aura. Résultat : vous pensez que votre valeur dépend des autres, alors que ce n'est pas le cas, c'est vous et vous seul qui déterminez votre propre valeur. Attention, je ne dis pas qu'il faut totalement ignorer les avis extérieurs, certains peuvent être bienveillants et constructifs, mais plutôt prendre de la distance pour pouvoir discerner si, oui ou non, l'avis vous intéresse et vous sera utile. Le pouvoir est dans votre camp. Il faut apprendre à vous créer un bouclier antinégativité.

Protéger sa paix intérieure

Protéger sa paix intérieure du bruit constant, de l'agitation permanente, la protéger de la pression sociale. Oui, mais comment ? En prenant de la distance, pour moi, c'est primordial. Nous vivons et évoluons dans une société de l'instantanéité : nous nous sentons obligés, voire contraints, de répondre immédiatement lorsque nous recevons des sollicitations (appels, mails, SMS…). Non, non, et non. L'autre jour, un ami me montrait un message Instagram d'une connaissance qui lui signalait qu'il lui avait envoyé un mail… deux heures plus tôt. C'était un petit « Tu as reçu un mail ;) » d'apparence anodine, mais qui en dit long sur la société dans laquelle nous vivons et sur la direction dans laquelle nous nous dirigeons. Sans réponse immédiate, ladite connaissance a jugé opportun d'aller lui signaler, via un autre moyen de communication, qu'il avait cherché à le joindre. Oppressant, n'est-ce pas ? Vous avez le droit – sauf urgence absolue, bien évidemment – de répondre quand vous le souhaitez, quand vous estimez que le moment est opportun. Ne cédez pas aux injonctions : personne ne peut vous reprocher de ne pas être disponible dans la seconde où l'on veut que vous le soyez. Personnellement, je n'ai depuis plusieurs années aucune notification sur mon téléphone. Il ne sonne pas, ne vibre pas, et si je veux voir mes messages privés sur les différents réseaux sociaux, je dois ouvrir l'application, car j'ai désactivé tout ce qui peut venir me perturber. C'est très intrusif, quand on y pense, un téléphone qui sonne ou vibre à longueur de journée. Même ce fameux mode vibreur, censé être discret, perturbe tout de même constamment notre journée et interrompt le moment présent, aussi brève la vibration soit-elle. Cela envoie au cerveau un signal qu'il y a quelque chose, et le détourne inévitablement de ce qu'il était en train de faire et du moment présent. Désactiver mes notifications (sauf contacts d'urgence) a grandement aidé dans la diminution de mon anxiété. Nous n'avons pas forcément la même sensibilité vis-à-vis des notifications, mais moi, elles me gênent, je trouve cela trop invasif et je veux pouvoir décider quand je suis disponible ou pas. Ce n'est pas aux autres de me l'imposer.

Quant au bruit, en ville, quand on a l'impression de vivre au milieu d'une fourmilière géante qui grouille de tous les côtés, là, la technologie et la modernité sont utiles. J'ai investi dans un casque antibruit, qui ajoute une barrière entre moi et les incessantes pollutions sonores. Si vous êtes distrait ou tête en l'air, faites quand même attention en traversant, car un tel casque isole vraiment bien du bruit, mais en termes de qualité de vie en ville, cela a tout changé pour moi. Je vois la différence lorsque je sors sans le porter, à quel point je me sens agressée par le bruit continuel et permanent. Et même si l'on ne s'en rend pas forcément compte, à la longue, c'est le système nerveux qui finit par encaisser et en pâtir. Donc si vous êtes, vous aussi, sensibles au vacarme, je ne peux que vous recommander le casque ou les écouteurs à réduction de bruit.

Cultiver la bienveillance

Envers soi et envers les autres. Cultiver la bienveillance est un travail de tous les jours. Mais avant de la cultiver, il faut la comprendre, car c'est un mot très à la mode, mais savons-nous vraiment ce que cela veut dire ? Selon le philosophe écossais du XVIIIe siècle Francis Hutcheson, la bienveillance est « une affection qui vous porte à désirer le bonheur de notre prochain ». La bienveillance, c'est donc vouloir faire le bien autour de soi, se réjouir du bonheur des autres, mais pas au détriment de son propre bien-être. Selon Kant, vouloir le succès d'autrui revient à faciliter son propre épanouissement. Je me souviens avoir eu un conseiller chez Pôle Emploi, il y a de nombreuses années, qui avait une approche de la bienveillance à laquelle je pense encore. Au-delà de la cultiver envers ses proches et les gens qu'il aimait bien, il mettait un point d'honneur à la cultiver également envers ceux qui lui « voulaient du mal », me citant en exemple un groupe de jeunes qui l'avaient fortement bousculé dans le métro. À la suite de cette agression, il leur avait souhaité tout le bonheur du monde, car ils avaient, selon lui, encore plus besoin d'amour que les autres pour en arriver là. Aucune rancœur, aucune colère, mais une double dose de tendresse et de bienveillance. Régulièrement, je pense à cette histoire et quand je me sens importunée par quelqu'un, j'essaye d'appliquer son précepte, qui m'a marqué.

Et concrètement, comment pouvons-nous cultiver la bienveillance ?

1. *En l'étant d'abord envers soi-même et en se traitant avec indulgence, comme on le ferait avec sa meilleure amie.* Nous sommes si durs envers nous-mêmes et beaucoup plus tolérants envers les autres. Pourquoi ? Pour réussir à vouloir le bonheur sincère d'autrui, il faut déjà souhaiter le sien.

2 *En faisant des compliments !* En France, nous sommes (malheureusement) plutôt radins avec les compliments, alors qu'ils sont si agréables à recevoir… et à offrir. Ça ne coûte rien, et on ne sait pas l'impact que cela peut avoir sur l'autre, en termes de confiance en soi, c'est très fort, très puissant. Il existe même une Journée mondiale du compliment, le 1er mars.

3 *En se réjouissant du succès des autres.* Peut-être que vous devrez vous forcer un peu au début, puis ça viendra naturellement avec le temps. Vous rêviez d'une promotion et c'est votre collègue qui l'a eue ? Essayez d'être content de ce qui lui arrive. Si elle ne vous a pas été donnée, c'est que quelque chose d'autre (parfois même meilleur) vous attend, faites confiance à l'Univers et soyez heureux que quelqu'un d'autre le soit. J'ai une fois lu une phrase sur Internet, qui m'a beaucoup plu (elle était en anglais, je la traduis, et je n'en connais pas du tout l'auteur) : « C'est cool de penser que quelqu'un, quelque part dans le monde, est en train de passer la meilleure journée de sa vie. Quelqu'un entend un je t'aime pour la première fois. Quelqu'un a décroché le boulot de ses rêves. Quelqu'un reçoit la nouvelle qu'il attendait depuis longtemps. Demain, cela pourrait être la meilleure journée de votre vie. Continuez. »

4 *En laissant des notes et des petits mots.* Depuis des années, je suis une grande amatrice de laisser des mots cachés aux gens qui m'entourent et que j'aime. Dans le tiroir du bureau de ma maman, sur la table de la cuisine pour mon conjoint qui doit se lever tôt, dans le carnet de notes d'un ou d'une amie, j'aime laisser des traces de mon passage, et j'aime encore plus l'idée de me dire que l'autre personne va trouver le mot à un moment où il en aura peut-être besoin. C'est comme faire un câlin tout en étant absent, c'est puissant. Il ne faut pas sous-estimer le plaisir que cela peut faire à l'autre, de voir que l'on a pensé à lui et que l'on a eu envie de le lui faire savoir, non verbalement ; vraiment, j'adore ça. Et si les mots ne sont pas votre fort, pas de panique, cela peut aussi être un petit dessin, même juste un cœur griffonné sur un Post-it fait l'affaire. Il ne s'agit pas du tout d'écrire de la prose enflammée, mais simplement de signifier à l'autre « Je suis là, je pense à toi ».

S'initier au lâcher-prise

Ce fameux lâcher-prise ! Mais qu'est-ce donc ? Puisque nous ne pouvons pas contrôler ce que font ou disent les autres, la seule chose sur laquelle nous avons du pouvoir, est notre manière de les recevoir, de les interpréter et de les laisser nous affecter… ou non. Nous ne pourrons jamais vivre une existence dénuée de stress, et ce serait utopiste de penser le contraire. En revanche, nous pouvons avoir une incidence sur notre manière de réagir, et notre façon d'accueillir les imprévus.

Let it go, entendons-nous souvent les professeurs de yoga répéter dans les cours en studio. Le lâcher-prise est finalement notre capacité d'adaptation et la manière dont nous réagissons face à la réalité. Lâcher prise ne consiste pas à devenir inactif ou passif à ce qui se passe mais plutôt à mettre de la distance pour ne pas se laisser trop affecter. Dans son ouvrage *Apprendre à lâcher prise*[12], la psychologue Cécile Neuville explique qu'il existe plusieurs formes de lâcher-prise :

- le lâcher-prise mental, pour se libérer des pensées parasites et des croyances négatives,
- le lâcher-prise émotionnel, pour alléger les émotions négatives comme la culpabilité, la colère ou la honte ;
- le lâcher-prise relationnel, pour apprendre à faire fi du regard des autres, de la jalousie ou encore de la dépendance affective ;
- le lâcher-prise sur le passé et l'avenir, pour pouvoir se concentrer sur l'instant présent et oublier les moments désagréables à venir, afin de mieux y faire face.

Quelques techniques pour apprendre à lâcher prise

- *Selon Cécile Neuville, une méthode efficace pour amorcer le lâcher-prise est de cultiver la gratitude : « Plus on développe sa gratitude, sa reconnaissance envers ce qu'on a et ce qu'on vit, plus on est capable de lâcher prise », écrit-elle.*

12. Leduc, 2014.

- *Une autre méthode à avoir fait ses preuves dans l'apprentissage du lâcher-prise est, indéniablement, la respiration. Le pouvoir du renouvellement d'oxygène dans les poumons dans une situation stressante est réel. Inspirez, expirez, en vous répétant « Je laisse partir », vous verrez, ça a beau être très simple, ça n'en est pas moins salutaire.*

- *Partir. Méthode testée et approuvée mille fois par moi-même ! Quitter la pièce ou la situation anxiogène, ou se mettre un peu en retrait si nous ne pouvons pas sortir, permet de placer une barrière entre soi et la source de stress, et aide aussi à montrer à l'autre, qui verra que vous vous éloignez volontairement, que ce qui se passe ne vous convient pas et qu'il outrepasse vos limites.*

- *Pardonner/s'excuser. Alors que la croyance générale s'obstine à dire que s'excuser est un aveu de faiblesse, c'est en réalité une force qui demande un courage incroyable, que beaucoup n'ont pas. Donc pour vous libérer de certaines situations passées qui vous hantent encore, pardonnez (même juste dans votre tête, vous n'avez même pas besoin de le verbaliser auprès de la personne concernée). En plus de vous soulager, cela fera de la place dans votre cerveau pour plus de neuf et plus de positif.*

- *Visualiser. Trouvez-vous une safe place mentale (par exemple, la mienne est ma plage préférée à Hossegor au coucher du soleil), et dès que vous en avez besoin, réfugiez-vous-y mentalement pour apaiser et calmer votre système nerveux. Si vous n'en avez pas, ça peut aussi être un souvenir précis qui vous procure de la joie. Recourez à des images mentales qui aident à se recentrer et à retrouver rapidement la paix.*

Exercice pratique

Accordez-vous quelque chose que vous devriez normalement penser avoir mérité. Accordez-vous le réconfort... sans avoir fourni l'effort.

Exemples : « J'ai bien travaillé, je mérite de me relaxer devant la télé » ; « J'ai fait du sport, je mérite de me commander une pizza ».

Cet exercice est plus difficile qu'il n'y paraît, car cela va à l'encontre de notre éducation et de notre manière collective de penser, c'est donc un exercice particulièrement intéressant à faire !

Votre espace journaling

Avez-vous été indulgent avec vous-même cette semaine ? Avez-vous réussi à protéger votre paix intérieure ? Qu'auriez-vous pu faire de plus pour la préserver ?

....

....

....

....

....

....

....

....

....

....

....

....

....

....

....

....

....

....

....

....

....

....

....

....

....

....

....

....

....

Témoignage

Marina Lemaire, entrepreneure

Marina, entrepreneure, a tout mis en pause pour partir vivre la *slow life* en Thaïlande, seule et sans billet de retour.

Mon parcours

Dans ma première vie, j'ai été directrice d'établissements médicosociaux (EHPAD, maison d'accueil pour cérébro-lésés, centre de soins pour personnes souffrant d'addictions). Après trois années, j'ai réalisé que je ne m'épanouissais pas dans cette vie-là. J'avais la reconnaissance sociale, des équipes à gérer, ça flattait mon ego de jeune adulte, mais je n'étais pas du tout à ma place.

C'est mon corps qui a manifesté le premier son mécontentement à vivre cette vie : j'ai développé des problèmes de digestion assez importants et des problèmes de peau. Je les ai endigués avec deux choses : en prenant soin de mon alimentation et en démissionnant pour partir faire le tour du monde. C'était la première fois que j'envisageais de « ralentir, pour me trouver ».

Sur ma route, je cherchais deux choses : prendre le temps de voyager pour découvrir qui j'étais et l'alimentation qui soigne. J'ai découvert le vinaigre de cidre, qui m'a fait un bien fou. Parallèlement à la préparation de mon grand voyage, je me suis énormément documentée sur ce vinaigre. Pas de raison que ça ne fasse du bien qu'à moi. Face au manque d'informations qualitatives en France sur le sujet et motivée par l'envie de le faire connaître à tout le monde en tant que super-aliment, de valoriser des petits producteurs de ma Normandie natale, j'ai fondé Archie. La boîte a connu un énorme succès en trois ans, et, comme souvent, la mésentente a éclaté entre les associés. J'ai priorisé ma santé mentale à la « célébrité » et à l'argent, je n'ai pas lutté et suis sortie du projet en septembre 2023. Vivre une vie sans stress permanent, c'est tout ce que je voulais.

Au moment où j'ai annoncé mon départ, des marques m'ont contactée pour du consulting marketing et des dirigeants pour les aider à développer leur image sur les réseaux sociaux. Je me suis dit que cette activité serait super en attendant de me remettre en selle pour monter ma boîte numéro 2.

Début janvier 2024, j'ai senti que j'avais besoin d'air, alors je me suis décidée à m'offrir un voyage pour trois semaines en solo. J'étais en roue libre totale sur Google Flights : je pars à gauche pour l'Amérique latine ? À droite pour l'Asie ? Allez zou ! Bangkok.

Arrivée en Thaïlande, j'ai annulé mon billet de retour en réalisant qu'en partant, ce n'était pas un petit break que je cherchais, mais à changer de vie.

Le déclic de la décélération

À peine fait le deuil de ma boîte numéro 1, j'étais déjà repartie tête baissée dans une nouvelle activité business à Paris. Je travaillais depuis n'importe quel endroit un peu cool à Paris, à mon rythme, mais je travaillais beaucoup. Je m'imposais un rythme idiot. Je m'étais enfermée à nouveau dans cette roue de hamster à courir partout, à enchaîner les rendez-vous, à chercher l'inspiration, des idées, à être créative, réactive pour mes clients, à marcher mes dix mille pas par jour, à faire du sport, à promener mon chien deux heures par jour, à produire du contenu sur les réseaux, pour continuer d'exister sans être « Marina d'Archie », pour éviter de penser, pour éviter de faire le deuil sans doute.

Je me souviens de cette scène fin novembre, alors que j'étais épuisée. Je mangeais une soupe réchauffée au micro-ondes, debout le dos collé contre le mur dans mon appartement à Paris, à scroller sur mon téléphone. J'ai eu une espèce de sursaut de lucidité. J'ai posé le téléphone dix secondes, je me suis vue de l'extérieur en me demandant « Mais qu'est-ce que tu fais ? Tu n'as même pas pris le temps de t'asseoir et de respirer. » J'avais même oublié d'enlever mon manteau... Moi qui prône le « prendre soin de soi ». Je crois que c'est là que j'ai eu le plus honte de la façon dont je me traitais.

Lorsque j'ai commencé à prendre soin de moi, je ne me suis plus arrêtée. Je suis montée progressivement dans l'échelle de la décélération avant d'arriver à la décision radicale de tout quitter.

Cela a commencé par un séjour de cinq jours de jeûne en montagne début décembre. J'avais besoin de vider mon esprit et aussi mon corps que je sentais surchargé. Cela faisait longtemps que je mangeais sans conscience plus que je me nourrissais – j'avais envie d'une remise à zéro.

Ces cinq jours ont aussi été le moment de faire une détox digitale. Je me suis reconnectée à moi, à mon corps et à l'air pur. Je me suis rendu compte que j'étouffais à Paris. En rentrant, je me suis sentie tellement bien que je n'ai eu aucune envie de me « re-polluer », mais je me suis rendu compte de la difficulté à garder le cap à Paris.

J'avais besoin de plus que cinq jours, alors j'ai essayé de m'écouter : « T'as besoin de quoi ? – De soleil ! » Je suis partie cinq jours à Barcelone. J'ai écrit, j'ai couru, j'ai beaucoup marché, et Noël est arrivé. Je me sentais dans une énergie que je n'avais jamais connue – une espèce d'entre deux. Un début d'apaisement mais un sentiment de n'être à ma place nulle part… et un besoin de prolonger encore ce moment d'introspection. Imaginer revenir à Paris me donnait des haut-le-cœur. J'avais prévu que je partirais pour un voyage « un jour », mais en janvier ce n'était pas possible, j'avais déjà pas mal de rendez-vous planifiés.

Et puis finalement, cette urgence de vivre l'a emportée. J'ai pris mon billet pour faire ce voyage dont je ne suis pas encore revenue.

Les bénéfices de ce ralentissement

Je ne sais pas par où commencer tellement tout ce que j'ai trouvé en chemin a été incroyable. J'ai réalisé plusieurs choses. La plus importante est que j'ai compris ce comportement « boulimique » que j'avais lorsque j'étais à Paris. Boulimique de nourriture, de rencontres, de choses à faire. La réalité est que j'avais un tas d'émotions refoulées dont l'affrontement me faisait peur. J'ai compris que le fait d'être en permanence dans l'action était une sorte de protection de mon ego pour ne pas avoir à y faire face. Toutes ces émotions sont arrivées d'un coup dès mon premier jour à Bangkok, lorsque je me suis assise sur le lit de ma chambre d'hôtel : j'ai pleuré sans m'arrêter et j'ignorais complètement pourquoi. Cela faisait des années que je n'arrivais plus à pleurer.

C'est là que j'ai réalisé que j'allais avoir besoin de m'occuper de moi sérieusement et de creuser un peu tout ça. À partir de là, tout s'est enchaîné. J'ai ajouté la méditation dans ma vie, je me suis engagée sur un chemin plus spirituel et, surtout, j'ai décidé que plus jamais je ne m'autoriserais à vivre une vie où je ne prendrais pas ce temps pour m'écouter. J'ai compris que j'étais ma propre meilleure amie et que j'allais devoir me traiter comme telle.

Un autre point est que cela a aussi complètement changé mon rapport aux possessions matérielles. Je suis partie avec un sac à dos et depuis, je ne vis qu'avec ce que j'ai dans ce sac à dos. Moi qui ai toujours eu peur de manquer, je me suis demandé après quoi je courais et d'où venait cette peur, alors que je ne me suis jamais sentie aussi épanouie que depuis que je vis avec presque rien.

Lorsque j'ai commencé à partager ce changement de vie sur les réseaux sociaux, j'ai reçu un tas de messages d'amour et de personnes que ce changement de vie inspire. Non seulement tu te fais du bien avec ce mode de vie, mais en partageant, tu fais du bien aux autres. On ne se l'avoue pas, mais je pense qu'on a tous besoin de ralentir... Je dois avouer que te côtoyer, Judith, m'avait donné un aperçu du bénéfice que cela pouvait être de prendre le temps. En écrivant ces lignes, je crois que c'est toi qui avais planté les premières graines dans mon esprit que j'ai ensuite fait germer avec mon parcours de vie de ces derniers mois.

L'impact sur mes proches

Ils me connaissent et savent que mes choix sont toujours très surprenants, pas toujours réfléchis mais toujours sensés. Ils savent aussi que je ne suis jamais dans la demi-mesure, alors ils l'ont accepté.

Mes amis les plus proches ont été soulagés de voir que je prenais ce temps pour moi, pour ralentir la cadence. Cela faisait longtemps qu'ils m'avaient mise en garde sur ma façon de me traiter et sur le fait que je ne « m'aimais pas suffisamment ». Je ne savais pas ce que ça voulait dire avant de décélérer.

Mon meilleur ami, lui, considère toujours que je continue d'en faire trop et que je devrais ralentir encore un peu plus.

Ma prochaine étape sur la route de la *slow life* ?

Prendre le temps de m'écouter chaque jour, méditer, prendre le recul, sentir mon corps, laisser de la place pour mes émotions : je ne veux pas que cela ne soit qu'une étape dans ma vie, l'enjeu est de le pérenniser. Je veux aussi améliorer mon rapport au temps, car j'ai toujours une sorte de culpabilité latente de ne rien faire, de ne pas avancer assez vite. Même lorsqu'il s'agit de prendre soin de moi et de me comprendre, j'ai envie de performer, c'est parfois ridicule… J'ai encore un peu de travail pour profiter de tous les bénéfices offerts par ma nouvelle *slow life*.

Cinquième pas

Prendre soin de soi dans toutes ses dimensions

Écouter son corps !

Cela consiste à prendre soin de son corps : bouger un peu, tous les jours, ramener du mouvement dans une vie parfois bien trop statique. Lorsqu'on prend le temps de l'écouter, et une fois que l'on sait comment décrypter les messages qu'il nous envoie, on se rend compte qu'il est en communication constante avec nous. Chaque mal de tête, chaque crampe, chaque boule au ventre, chaque douleur est un signal qu'il nous donne, pour nous indiquer que quelque chose ne va pas ou est du moins déséquilibré. Et si, au lieu de se ruer sur un Doliprane, on apprenait plutôt à écouter et à comprendre notre corps ?

Il est notre meilleur allié dans cette vie, c'est lui qui nous porte tous les jours, nous permet de manger, boire, digérer, respirer, faire l'amour. Au quotidien, il est vraiment ce que l'on a de plus précieux. Chaque matin, je trouve bien d'avoir quelques secondes de gratitude envers lui, et envers tout ce qu'il nous autorise à faire, selon ses propres limites. Ensuite, on peut passer à l'étape supérieure, qui consiste à prendre soin de lui. Lui apporter un peu de mouvement, chaque jour, quel qu'il soit, pourvu que vous bougiez. Descendre une station de métro ou bus plus tôt pour marcher, prendre l'escalier au lieu de l'ascenseur, faire des étirements ou une séance de yoga devant la télé le soir en rentrant: tout est bon tant qu'il y a du mouvement. Car le mouvement, c'est la vie. Nous sommes faits pour que l'énergie circule, et malheureusement nous menons désormais des vies bien trop sédentaires. Nous sommes assis derrière un ordinateur toute la journée, et c'est le corps qui en paie malheureusement les conséquences. Les muscles se raidissent, se ramollissent, se raccourcissent... Résultat: perte de mobilité, d'aisance, vieillissement plus rapide du corps. Dans son livre *Marcher. Éloge des chemins et de la lenteur*[13], le sociologue David Le Breton écrit: « Prendre son temps est une subversion du quotidien. Anachronique dans un monde privilégiant la vitesse, la marche est un acte de résistance célébrant la lenteur, la disponibilité, le silence, la curiosité, l'inutile autant de valeurs opposées aux sensibilités néolibérales qui conditionnent nos vies. Le marcheur est celui qui prend son temps et ne laisse pas le temps le prendre. »

Alors, vraiment, intégrez une pratique sportive à votre vie: trouvez-en une qui vous plaît, afin de ne pas la subir, et pratiquez-la dès que vous en avez l'occasion. Même juste la marche a des bienfaits incroyables, il ne faut pas la sous-estimer, marchez, marchez, marchez. Et c'est tout aussi bon pour la tête.

---

13. Métailié, 2012.

Huit bienfaits non négligeables de la marche

- *Améliore la condition cardiaque et la respiration.*
- *Renforce les muscles et les articulations.*
- *Réduit le taux de glycémie (donc parfait après un repas copieux, par exemple).*
- *Ralentit le vieillissement des cellules.*
- *Fait baisser le stress et l'anxiété.*
- *Augmente la vitamine D (qui se recharge lorsque nous nous exposons à la lumière du jour et au soleil, et dont nous manquons si cruellement l'hiver).*
- *Aide à digérer et facilite le transit (le fait de marcher accélère le passage des aliments de l'estomac aux intestins).*
- *Brûle des calories : lorsque pratiquée à vitesse soutenue, elle peut permettre de perdre un peu de poids.*

Adapter ses activités et sa pratique en fonction de son cycle menstruel

Il est très important de connaître votre cycle et d'adapter votre agenda en fonction de la période dans laquelle vous vous trouvez. Cela change totalement la donne car vous respecterez le rythme naturel de votre corps.

Les *menstruations* constituent la fin d'un cycle. Le corps élimine et évacue. C'est le moment de passer du temps en tête à tête avec vous-même, de vous écouter, de prendre soin de vous et d'y aller doucement, de ralentir le rythme. Privilégiez les activités douces comme la marche ou le yoga.

Quels aliments privilégier pendant cette phase ?

Fruits : ananas, banane, dattes...

Fruits secs : amande, noix de cajou.

Légumes : artichaut, basilic, betterave, brocoli, carotte, épinard, poireau, radis noir...

Céréales et légumineuses : avoine, céréales complètes, lin, pois chiche, sarrasin.

Graines : chia, courge.

Épices : gingembre, curcuma.

Autres : petits poissons (comme les sardines ou les maquereaux), protéines (œufs).

Plus globalement, mangez beaucoup de fruits et de légumes, et tous les aliments riches en fibres sont conseillés.

Vient ensuite la *phase folliculaire*. Après les menstruations, le taux d'œstrogènes remonte, ce qui s'accompagne d'un regain d'énergie. C'est le moment de commencer des nouveaux projets, de sortir de cette phase de cocooning, d'aller à la rencontre des autres et de profiter de cette énergie pour faire avancer ou démarrer de nouvelles choses. Pour le sport, privilégiez le renforcement musculaire, le cardio et la musculation.

Quelle alimentation privilégier pendant cette phase ?

Glucides complexes : blé, céréales, pommes de terre, riz.

Protéines : œufs.

Fruits : avocat, banane, kiwi, orange.

Céréales : avoine.

Légumes : patate douce.

Graines : courge, ginseng, lin, maca, ortie.

Autres : aliments fermentés, kimchi, légumineuses, tahini, tempeh.

L'*ovulation* est la troisième phase. Comme le taux d'œstrogènes commence à redescendre doucement, des petites pointes de fatigue peuvent se faire sentir, mais la vitalité est encore bien présente. Profitez-en pour continuer vos projets, voir des gens, sortir, vous connecter avec les autres. Pour l'activité sportive, continuez les activités dynamiques avant de décélérer dans la phase suivante.

Quelle alimentation privilégier pendant cette phase ?

C'est le moment pour faire un grand plein de zinc et de protéines : avocat, baies rouges, brocoli, fruits de mer, huîtres, noix, noix de cajou, œufs, quinoa, riz complet.

Graines et plantes : algues, chanvre, courge, sésame, spiruline.

Enfin, lors de la *phase lutéale*, l'énergie retombe. C'est le moment d'accepter de se reposer, d'opérer un retour sur soi, de pratiquer l'introspection. Cette phase est aussi connue sous le nom de « syndrome prémenstruel », qui peut s'accompagner de stress et de sautes d'humeur. Écoutez-vous, ralentissez, passez du temps avec vos proches et accueillez la douceur. Côté activité physique, au début de la phase lutéale, faites du yoga dynamique, du renforcement musculaire sans impact comme du Pilates, puis, quand les règles se rapprochent, optez pour des pratiques plus douces et plus lentes.

Quelle alimentation privilégier pendant cette phase ?

Aliments riches en magnésium : amandes, brocolis, chou kale, épinards, noix de cajou.

Fruits : avocat, banane, dattes.

Légumes : ail, artichaut, champignons, légumes verts, patate douce, poireau, radis.

Graines et plantes : gingembre, sésame, tournesol.

Autres : chocolat noir, légumineuses.

Le yoga et la *slow life*

Le yoga est à mes yeux l'une des meilleures, voire la meilleure discipline sportive à laquelle s'initier dans une optique de décélération globale. C'est une pratique qui invite à l'introspection, qui invite à ralentir. Chaque posture demande de la concentration, de la lenteur, de la douceur, de la précision, il n'y a rien de tel qu'un cours de yoga pour être pleinement présent dans le moment. Rien d'autre n'existe en dehors du tapis, et l'attention est tournée vers la respiration. Les deux philosophies de vie, *slow life* et yoga, sont étroitement liées, puisqu'au yoga, le temps est différent, et à moins que ce ne soit un cours spécial très dynamique, on ne peut que prendre le temps d'apprécier le lâcher-prise qui s'opère durant une séance. Le yoga offre le temps de souffler, de s'éloigner un peu de la folie de la vie active et de se créer une bulle de bien-être et de sérénité, c'est vraiment salvateur. Cerise sur le gâteau, ses bienfaits sont immédiats. Au bout de quelques minutes, le corps commence déjà à se relaxer, le rythme cardiaque à ralentir, le stress à diminuer. Et à la fin d'une séance, on peut même avoir l'impression de planer, d'être plongé dans une douce et tendre béatitude, c'est un ressenti assez unique, auquel on devient rapidement accro. Selon moi, c'est la discipline idéale pour pratiquer la pleine conscience sans effort, sans même s'en rendre compte. Les bénéfices du yoga sont également de longue durée, puisque même hors du tapis, il aide à mieux appréhender les aléas du quotidien, à prendre du recul sur les événements, à mieux respirer, à avoir une meilleure posture, à gagner en confiance en soi, en assurance, etc. « Le yoga est une lumière qui une fois allumée, ne faiblit pas. Plus vous pratiquez, plus la flamme est brillante », dit B. K. S. Iyengar, inventeur d'un type de yoga qui porte son nom (un yoga axé sur l'alignement du corps et sur la précision dans les postures). Ou encore : « Je me sers du corps pour atteindre l'âme ; nous travaillons sur l'extérieur pour nous rapprocher de la réalité intérieure de notre existence. » Vous l'aurez donc compris, le yoga améliore grandement la vie de manière générale, et je ne peux que vous encourager à ce que vous le découvriez si vous ne le connaissez pas déjà.

S'occuper de sa tête

Au même titre que le corps, prendre soin de son esprit est également primordial pour atteindre une certaine forme d'épanouissement personnel. Que ce soit lire, écouter de la musique, aller au théâtre, dessiner, bricoler, jardiner, voir des amis, apprendre une nouvelle langue, un instrument de musique, cela contribue à l'amélioration de sa santé mentale. Selon une étude de Santé mentale France réalisée en 2023 à partir des données de surveillance d'hôpitaux et de SOS Médecins, la santé mentale des Français se dégrade, en particulier chez les jeunes. Les motifs les plus fréquemment évoqués par les personnes interrogées pour ne pas prendre soin de leur santé mentale relèvent « soit d'un manque de motivation (ne pas y penser, ne pas avoir le temps ou l'envie) ou encore d'un manque de connaissances sur les comportements à adopter ». Les femmes se plaignent le plus souvent de manquer de temps et le fait de ne pas s'en sentir capables, tandis que les hommes, eux, ont tendance à penser que cela est inutile et qu'ils n'en ont pas besoin. Heureusement, nous vivons dans une société où la prise en charge de la santé mentale se démystifie, et ce sujet longtemps tabou est en train d'être banalisé. Il n'y a plus de honte à dire que nous allons voir un psy, alors que par le passé, nous pouvions avoir peur de nous sentir jugés d'aller consulter.

Quelques idées pour prendre soin de sa santé mentale :

1 *Méditer :* pour des raisons évidentes, la méditation est l'une des meilleures activités pour calmer l'activité cérébrale. Même deux-trois minutes par jour peuvent suffire. Et si vous n'arrivez pas à méditer seul, vous pouvez télécharger une application pour vous y aider, il y en a de plus en plus, gratuites pour la plupart. Vous pouvez également opter pour de la méditation « en mouvement » : une séance de yoga, une session de natation, une balade en pleine conscience... La méditation, contrairement aux idées reçues, n'est pas juste rester assis en tailleur

sur un coussin, cela peut prendre des formes diverses et variées, à vous de trouver celle qui vous correspond.

2 *Dormir :* même juste une petite sieste peut grandement apaiser le mental. Régulièrement, quand je sens que mon esprit est un peu embrouillé et brumeux, je me mets au lit, et même si je ne dors pas à poings fermés, le fait de fermer les yeux pour somnoler, ne serait-ce que quelques minutes, est réellement efficace pour dissiper le brouillard.

3 *Boire un grand verre d'eau :* cela peut paraître absurde tellement c'est basique, mais parfois, l'anxiété ou le stress peuvent tout simplement cacher le fait d'être déshydraté (la déshydratation entraîne une réduction des niveaux d'acides aminés dans le cerveau, pouvant conduire à de l'anxiété). Donc avant de céder aux émotions, servez-vous un grand verre d'eau et observez comment vous vous sentez après.

4 *Parler :* encore une fois, un conseil qui peut paraître très basique, pourtant encore trop peu de personnes osent franchir le pas. Que ce soit à un ami ou à un professionnel (encore mieux), verbaliser ses problèmes permet de soulager un peu la charge émotionnelle, parfois trop lourde à porter seul.

5 *Faire l'amour :* excellente activité pour libérer des endorphines – aussi connues sous le nom d'hormone du bonheur. Pour vivre heureux, une activité sexuelle régulière est hautement recommandée. Et pour les célibataires, il n'y a pas de tabou, cela fonctionne aussi avec le plaisir solitaire.

6 *Réduire sa consommation d'alcool et de nourriture industrielle :* en privilégiant un régime alimentaire sain et rempli de vitamines et des nutriments dont le corps a besoin, c'est en fait aussi de son mental que l'on prend soin. En anglais, on parle même de *hangxiety* (mélange de *hangover*, « gueule de bois », et *anxiety*), une réaction physiologique les lendemains de soirées arrosées, lorsque la dopamine stimulée par la consommation d'alcool redescend. Et chez les personnes sensibles, cela provoque souvent un sentiment de mal-être généralisé, qui est très inconfortable et peut être difficile à gérer.

7 *Flâner :* je veux dire vraiment marcher, sans aucun but précis, errer, en se concentrant sur les éléments et les choses qui nous entourent. Nulle part où aller, juste déambuler pour permettre au cerveau de se déconnecter le temps d'une balade. Dans *Les Rêveries du promeneur solitaire*, c'est d'ailleurs en marchant que Jean-Jacques Rousseau entre en relation avec la nature et atteint cet état contemplatif qui lui permet d'écrire.

8 *Exercer une activité manuelle :* apprendre le massage, le jardinage, le piano, la poterie. Donner à ses mains l'opportunité de faire quelque chose qui oblige à être pleinement dans le moment est un moyen incroyable de prendre soin de soi. Et les « mais je ne suis pas doué » ne sont pas une excuse valable, cela n'a aucune importance que ce soit joli ou productif, le but est de vous amuser, et quand je vous parlais de méditation en mouvement un peu plus haut, les activités manuelles cochent complètement cette case.

9 *Mettre de la musique classique :* c'est bien connu, la musique classique adoucit les mœurs, et les neurologues le confirment. Écouter un morceau de musique classique le soir en rentrant, par exemple, permet de diminuer le niveau de stress subi pendant la journée de travail. Selon une étude de 2020 menée par la Société mondiale du sommeil et la marque Zepp, traitant des bienfaits thérapeutiques de la musique, le meilleur morceau pour se détendre le soir serait la *Sonate au clair de lune* de Beethoven, suivi par le *Nocturne n° 2 en mi bémol majeur* de Chopin.

10 *Rire :* il ne faut pas négliger les bienfaits qu'apporte un bon fou rire. En effet, lorsque nous rions, le corps produit de la dopamine, qui joue un rôle primordial dans le contrôle du plaisir dans le cerveau. Rire libère aussi des endorphines, l'une des meilleures hormones pour lutter contre le stress et la dépression. Donc pour chasser les émotions négatives : riez.

Se reconnecter à la nature

Ce conseil me tient vraiment très à cœur ! Lorsque j'ai perdu mon père, j'ai eu l'immense chance de pouvoir passer tout le mois de septembre qui a suivi son décès dans le sud, à Hossegor (mon endroit de cœur), pour être au plus proche de la nature, et je pense que c'est cela qui m'a, sinon « sauvée », du moins immensément aidée dans ce long processus qu'est le deuil. J'ai offert à mon corps et à mon mental tout ce qu'elle a à offrir : admirer chaque soir un coucher de soleil, se lever tôt pour espionner le jour se lever, marcher pieds nus dans l'herbe ou dans le sable, s'asseoir contre un arbre, flâner dans la forêt avec pour seule compagnie les pins : j'ai laissé la nature me guérir. Dans son livre *Consolations*[14], Christophe André

14. L'Iconoclaste, 2022.

analyse : « Les consolations de la nature vont au-delà d'une aide ponctuelle, liées à un instant de soulagement offert par sa contemplation. Elles s'exercent aussi sur la durée, pour tenir bon face à une adversité prolongée. »

Passer du temps dans la nature occupe une place prépondérante lorsque nous ralentissons notre mode de vie. Au Japon, ils ont même donné un nom à cette pratique : le *shinrin-yoku*, que l'on peut traduire par « bain de forêt ». Cela consiste à s'immerger, en conscience, dans la nature, dans le but d'améliorer son bien-être et son bonheur. Inventée dans les années 1980 par le gouvernement japonais dans le but de pallier le stress et le surmenage de la population, elle est même « prescrite » par les médecins japonais en cures préventives. Au Québec aussi, la méthode compte de nombreux adeptes. Comme l'explique Bernadette Rey, thérapeute à avoir introduit la pratique au Canada, dans une intervention sur Radio Canada : « L'idée, c'est de faire une promenade et d'inhaler les phytoncides, des molécules diffusées par la végétation. C'est de reprendre contact avec la nature, que nous avons délaissée. Il y a très longtemps, nous vivions en symbiose avec la nature et depuis l'industrialisation, l'être humain a perdu ce contact et cet équilibre. Nous en avons besoin ». Une théorie corroborée dans *Santé Magazine* par Alix Cosquer, chercheuse française en psychologie environnementale : « Dans le contexte trépidant de nos vies essentiellement urbaines, les bienfaits de la nature apparaissent comme un contrepoint nécessaire aux sollicitations mentales et sociales répétées. L'espèce humaine a évolué au contact de la nature. Un environnement naturel constitue un cadre propice au développement physique et psychique des individus. Dans des conditions favorables, les bienfaits d'une immersion dans la nature sont nombreux : réduction de la pression artérielle, prévention de certaines maladies, diminution du stress, réduction de la fatigue, amélioration des fonctions cognitives[15]. »

En France, c'est près d'Arcachon à la fin du XIXe siècle que des médecins envoyaient des malades atteints de tuberculose faire des balades dans des forêts de pins alentour, pour y trouver l'apaisement.

Les bienfaits de la nature et des bains de forêt sur la santé et le bien-être global

- *Réduit le niveau de cortisol (l'hormone du stress) dans le corps.*
- *Améliore les défenses immunitaires.*
- *Diminue la fréquence cardiaque et la pression artérielle.*
- *Calme le système nerveux.*

Vous avez même peut-être déjà aperçu des personnes pratiquant la sylvothérapie, cette pratique qui peut, de l'extérieur, sembler étrange, et qui consiste à se reconnecter aux arbres pour profiter de leurs bienfaits, parfois même en leur faisant des câlins. Laurence Monce, sophrologue et autrice du livre *Ces arbres qui nous veulent du bien. À la découverte des bienfaits de la sylvothérapie*[16], détaille comment la pratiquer et explique que « grâce aux exercices de sylvothérapie, on diminue la cadence.

15. Glover-Bondeau Anne-Sophie, « Sylvothérapie : comment les arbres nous aident à aller mieux ? », *Santé Magazine*, 20 mars 2018.

16. Dunod, 2018.

Pour une personne en stress ou en burn-out, je conseille des exercices très lents, d'observation, de sublimation, de méditation, de respiration. Quelqu'un par contre qui a encore de l'énergie, qui sort d'une opération, d'un traitement, qui a besoin de récupérer, je lui fais passer des obstacles, marcher sur des troncs, escalader les arbres, etc. Des choses plus sportives ». Elle explique également qu'il existe deux types de sylvothérapie : la « douche », soit passer deux heures minimum en forêt, ou bien « la cure », soit une immersion totale pendant un week-end entier.

Exercice pratique

Dans la mesure du possible, profitez d'un moment de calme en pleine nature, sans distraction. Balade en forêt, dans un parc, le long d'un canal ou d'une rivière, prenez un temps pour vous pour bouger et apaiser votre système nerveux. Je vous conseille également de laisser votre téléphone de côté pour ce moment privilégié en tête à tête avec vous-même.

Votre espace journaling

Avez-vous bougé votre corps cette semaine ? Comment avez-vous nourri votre esprit ? Comment cela vous a-t-il fait vous sentir ?

....

....

....

....

....

....

....

....

....

....

....

....

....

....

....

....

....

....

....

....

....

....

....

....

....

....

....

....

....

Conclusion

Nous y voilà déjà… Le moment de nous quitter, de nous dire au revoir, la fin. Mais pas de tristesse, ni de regrets, puisque vous avez désormais tous les outils et toutes les clés pour implémenter ce qu'il faut de *slow* à votre quotidien.

Je vous invite, une fois cet ouvrage refermé, à prendre quelques minutes afin d'intégrer ces nouvelles informations. Fermez les yeux et réfléchissez à ce que ce livre a pu provoquer comme émotions en vous et interrogez-vous sur ce qu'il va pouvoir vous apporter dans votre vie de tous les jours. Pas de jugement ou de suranalyse, écoutez juste votre ressenti.

J'espère avoir pu vous faire voir et comprendre ma manière d'appréhender cette grande aventure que l'on nomme la vie et avoir été capable de vous apporter le réconfort et la guidance dont vous aviez besoin. Savourer le temps, prendre le contre-pied, poser ses limites, se détacher du sentiment de culpabilité associé à l'inactivité, s'autoriser à rêver, à contempler, à ne rien faire, sauf la sieste… Je souhaite que ces nouvelles pratiques vous permettent de vous sentir moins stressé, moins envahi et moins déboussolé par l'incessante cadence de notre monde. Que vous saurez trouver le confort et le réconfort dans l'inconfort dans lequel les aléas du quotidien peuvent nous mettre.

N'oubliez pas que quoi qu'il se passe autour de vous, vous avez toujours la possibilité de vous réfugier dans votre *safe place*, de dire non, de souffler, de respirer, d'aller marcher, de lâcher prise. Prenez soin de votre corps, bougez, remettez le mouvement au centre de votre vie. Mais aussi de votre tête, soyez curieux, lisez, apprenez des nouvelles choses, pratiquez les activités qui vous épanouissent. Souriez, écoutez, observez, laissez-vous émouvoir, ressentez, verbalisez, parlez, entourez-vous d'amour et, autant que possible, de personnes positives, avec qui vous n'avez pas besoin de jouer un rôle, avec qui vous vous sentez en totale sécurité.

Enfin, faites preuve de bienveillance envers les autres. Envers vous, vous faites ce que vous pouvez, et c'est déjà pas mal du tout.

Remerciements

Un grand merci à Gérald Kierzek pour sa préface avisée et aux personnes qui ont enrichi ce livre de leur témoignage : Floriane Hugget, Damian Isiti, Bruno Maltor et Marina Lemaire.

Mais aussi à : Vincent, Bruno, Albin, Melody, Maman, ma sœur Mathilde et Jonathan, mais aussi et surtout VOUS, qui me lisez, me suivez, m'encouragez.

Et enfin, à mon père, dont le manque grandit de jour en jour et sans qui ce livre n'existerait pas puisque c'est lui qui m'a transmis cet amour de la réflexion et de la philosophie, si je puis oser emprunter ici ce mot.

Papa, comme pour tout ce que j'écris, j'espère que mes mots te parviendront.

De la même auteure

MIXTE
Papier | Pour une gestion forestière responsable
FSC® C022829
FSC
www.fsc.org

Dépôt légal : octobre 2024
Achevé d'imprimer en septembre 2024
Imprimé en France par la Nouvelle Imprimerie Laballery
N° d'impression : 408381

Cet ouvrage a été imprimé sur du papier offset 90 g FSC